Die Autorin

Nicole Bayer, Volljuristin mit Schwerpunkt Sozialrecht und öffentliches Recht. Sie verfügt über langjährige Erfahrung in der Gestaltung und Umsetzung von staatlichen Beratungsangeboten im Bereich des Sozialhilferechts bei Pflegebedürftigkeit, dem Aufbau von privatrechtlichen Betreuungsangeboten sowie als Lehrbeauftragte. Zudem ist sie seit Jahren deutschlandweit als freie Dozentin tätig.

Pflegebedürftigkeit verstehen und meistern

Leitfaden für die relevanten Fragestellungen im Zusammenhang mit dem Eintritt der Pflegebedürftigkeit

von
Nicole Bayer
Volljuristin mit Schwerpunkt Sozialrecht
und Öffentliches Recht

Verlag W. Kohlhammer

1. Auflage 2026

Alle Rechte vorbehalten
© 2026 Verlag W. Kohlhammer GmbH Stuttgart
© W. Kohlhammer GmbH, Stuttgart
Gesamtherstellung: W. Kohlhammer GmbH, Heßbrühlstraße 69, 70565 Stuttgart
produktsicherheit@kohlhammer.de

Print:
ISBN 978-3-17-045928-1

E-Book-Formate:
pdf: ISBN 978-3-17-045929-8
epub: ISBN 978-3-17-045930-4

Dieses Werk einschließlich aller seiner Teile ist urheberrechtlich geschützt. Jede Verwendung außerhalb der engen Grenzen des Urheberrechts ist ohne Zustimmung des Verlags unzulässig und strafbar. Das gilt insbesondere für Vervielfältigungen, Übersetzungen, Mikroverfilmungen und für die Einspeicherung und Verarbeitung in elektronischen Systemen. Für den Inhalt abgedruckter und verlinkter Websites ist ausschließlich der jeweilige Betreiber verantwortlich. Die W. Kohlhammer GmbH hat keinen Einfluss auf die verknüpften Seiten und übernimmt hierfür keinerlei Haftung.

Inhalt

Einleitung 9
A. Pflege in Deutschland 10
B. Die soziale Pflegeversicherung 12
    I. Grundlagen 12
    II. Pflegebedürftigkeit im Sinne des SGB XI – Wer gilt als pflegebedürftig? 14
    III. Pflegegrade 15
C. Pflegeleistungen beantragen – Verfahren 28
    I. Was bedeuten die Pflegegrade für den Pflegebedürftigen? 28
    II. Ablauf des Verfahrens zur Feststellung des Pflegegrades .. 29
D. Inhalt der Leistungen der Pflegeversicherung 38
    I. Leistungen der gesetzlichen Pflegeversicherung 38
    II. Pflege in vollstationärer Pflegeeinrichtung 40
    III. Teilstationäre Pflege 48
    IV. Pflege im ambulanten Bereich 55
E. Finanzierung des Eigenanteils – Sozialhilfe nach dem SGB XII 70
    I. Grundlagen 70
    II. Nachranggrundsatz 71
    III. Wer kann grundsätzlich Anspruch auf Sozialhilfe haben – Leistungsberechtigte? 74
    IV. Wunsch und Wahlrecht der Betroffenen 74
    V. Zuschuss oder Darlehen 76
F. Einkommens- und Vermögenseinsatz im Rahmen der Sozialhilfe 81
    I. Leistungsberechtigte 81

	II. Abgrenzung Hilfe zur Pflege, Grundsicherung und Eingliederungshilfe	83
	III. Pflegebedarf	95
	IV. Einkommenseinsatz	96
	V. Vermögenseinsatz	108
G.	**Sozialverwaltungsverfahren**	**126**
	I. Antrag bzw. Kenntnis des Sozialhilfeträgers	126
	II. Ermittlung des Sachverhalts – Amtsermittlungsgrundsatz	127
	III. Mitwirkungspflicht des Antragstellers	128
	IV. Antragstellung	129
	V. Versagungsbescheid	130
	VI. Prüfung der Anspruchsvoraussetzungen und Entscheidung	131
	VII. Untätigkeitsklage	132
	VIII. Pflegezusatzversicherung	133
H.	**Vorsorgevollmacht, Betreuung und Patientenverfügung**	**136**
	I. Vorsorgevollmacht – Bedeutung und Erstellung	136
	II. Die Betreuungsverfügung	137
	III. Formale Anforderungen an eine Vollmacht	137
	IV. Betreuung	138
	V. Patientenverfügung	143
I.	**Leistungen für Pflegepersonen**	**145**
	I. Unfallversicherung	146
	II. Rente für Pflegepersonen	146
	III. Arbeitslosenversicherung	147
	IV. Pflegegeld	147
	V. Familienpflegezeitgesetz und Pflegezeitgesetz	148
J.	**Allgemeine Tipps**	**155**
	I. Überblick über die Situation verschaffen- die wichtigsten Fragen klären:	155
	II. Informationen einholen und Beratungsangebote nutzen	156

III.	Pflegeleistungen, Sozialleistungen und Freistellungen von Angehörigen rechtzeitig beantragen	158
IV.	Individuellen Pflegebedarf ermitteln und Unterstützungsform festlegen	159
V.	Heimplatz oder Pflegedienst finden	159
VI.	Soziale Teilhabe des Pflegebedürftigen fördern	160
VII.	Unterstützung für pflegende Angehörige nutzen	161
	Links und Ansprechpartner	161

Glossar 163

Stichwortverzeichnis 167

Das Sozialrecht ist in Deutschland in mehrere Bücher gegliedert – die sogenannten Sozialgesetzbücher (SGB I bis XIV).
Dieser Ratgeber nennt verschiedene Paragrafen daraus. Zur besseren Orientierung finden Sie hier eine kurze Übersicht über alle derzeit existierenden Sozialgesetzbücher:

- Sozialgesetzbuch – Erstes Buch (SGB I): Allgemeiner Teil
- Sozialgesetzbuch – Zweites Buch (SGB II): Grundsicherung für Arbeitsuchende
- Sozialgesetzbuch – Drittes Buch (SGB III): Arbeitsförderung
- Sozialgesetzbuch – Viertes Buch (SGB IV): Gemeinsame Vorschriften für die Sozialversicherung
- Sozialgesetzbuch – Fünftes Buch (SGB V): Gesetzliche Krankenversicherung
- Sozialgesetzbuch – Sechstes Buch (SGB VI): Gesetzliche Rentenversicherung
- Sozialgesetzbuch – Siebtes Buch (SGB VII): Gesetzliche Unfallversicherung
- Sozialgesetzbuch – Achtes Buch (SGB VIII): Kinder- und Jugendhilfe
- Sozialgesetzbuch – Neuntes Buch (SGB IX): Rehabilitation und Teilhabe von Menschen mit Behinderungen
- Sozialgesetzbuch – Zehntes Buch (SGB X): Sozialverwaltungsverfahren und Sozialdatenschutz
- Sozialgesetzbuch – Elftes Buch (SGB XI): Soziale Pflegeversicherung
- Sozialgesetzbuch – Zwölftes Buch (SGB XII): Sozialhilfe
- Sozialgesetzbuch – Vierzehntes Buch (SGB XIV): Soziale Entschädigung

Einleitung

Pflegebedürftigkeit stellt einen tiefen Einschnitt ins Leben dar und konfrontiert die Betroffenen, die Angehörigen und Betreuer mit etlichen rechtlichen und tatsächlichen Fragen:

- Welche Unterstützung wird bei den alltäglichen Aufgaben benötigt?
- Welche Kosten kommen auf die Betroffene und die Angehörigen zu und wie können sie gedeckt werden?
- Ist die aktuelle Wohnsituation geeignet?
- Welche alternativen Wohnformen gibt es?
- Welche Leistungen übernimmt die Pflegekasse?
- Gibt es Möglichkeiten für Unterstützung oder Zuschüsse?
- Kann der Angehörige für den Betroffenen entscheiden und handeln?

Wichtig ist es, sich schnelle Orientierung über relevante Themenbereiche verschaffen zu können.

Dieser Ratgeber soll Ihnen als verlässlicher Begleiter dienen und diese und weitere Fragen beantworten und Sie dabei untzerstützen, die bestmögliche Pflege für sich oder Ihre Angehörigen zu organisieren.

Von der Beantragung des Pflegegrades, über die Wahl der Versorgungsart, Finanzierung und rechtliche Absicherung – dieser Ratgeber beleuchtet alle relevanten Themenbereiche und richtet sich an Pflegebedürftige, Angehörige und alle, die im Bereich der Pflege tätig sind oder sich darüber informieren möchten.

Hinweis: Zur besseren Lesbarkeit und Verständlichkeit dieses Buches wurde auf die explizite Verwendung von männlichen und weiblichen Personenbezeichnungen verzichtet. Alle verwendeten Begriffe gelten gleichermaßen für beide Geschlechter und schließen auch diverse Geschlechtsidentitäten ein.

A. Pflege in Deutschland

Derzeit werden noch über 80 % aller Pflegebedürftigen im häuslichen Umfeld und zum großen Teil von Angehörigen gepflegt. In Zahlen des Statistischen Bundesamtes bedeutet dies: 4,88 Millionen Pflegebedürftige wurden 2023 im häuslichen Umfeld versorgt. Davon wurden 3,12 Millionen allein von Angehörigen gepflegt. Nur knapp 800.000 der insgesamt rund 5,7 Millionen Pflegebedürftigen in Deutschland wurden in diesem Zeitraum vollstationär in einem Heim versorgt.[1]

Die demographische Entwicklung in Deutschland wird weiter tiefgreifende Auswirkungen auf die Pflege haben. Menschen leben länger als früher. Mit dem Alter steigt die Wahrscheinlichkeit für die Notwendigkeit der altersbedingten Pflege. Der Anstieg der Zahl der Pflegebedürftigen wird vom Statistischen Bundesamt bis 2055 um weitere 2,6 Millionen vorausberechnet.[2]

Diese Entwicklung trifft auf eine alternde Gesellschaft mit sinkenden Geburtenraten und sich wandelnden Familienstrukturen. Die Versorgung zu Hause wird sich aufgrund verschiedenster Faktoren, und aufgrund der zunehmenden Erwerbstätigkeit beider Elternteile, weiter in den nicht familiären Bereich verschieben.

Auch die Zahl der Menschen mit demenziellen Erkrankungen wird in den kommenden Jahren deutlich steigen. Die Deutsche Alzheimer Gesellschaft prognostiziert einen Anstieg der an Demenz erkrankten Personen in Deutschland bis 2050 auf bis zu 2,7 Millionen.[3]

Diese Erkrankungen erfordern oft über viele Jahre hinweg intensive Pflege und Betreuung und werden den ohnehin bereits jetzt bestehenden Pflegenotstand weiter verschärfen.

---

1 www.destatis.de/DE/Themen/Gesellschaft-Umwelt/Gesundheit/Glossar/pflegebeduerftige.html
2 www.destatis.de/DE/Presse/Pressemitteilungen/2023/03/PD23_124_12.html
3 www.destatis.de/DE/Presse/Pressemitteilungen/2023/03/PD23_124_12.html

Es müssen neue Ansätze für die Versorgung der wachsenden Zahl der Pflegebedürftigen gefunden werden und das bei einem beständigen Fachkräftemangel in diesem Bereich. Eine anspruchsvolle Herausforderung, die ein gesamtgesellschaftliches Umdenken erfordern wird. Zudem steigen seit Jahren die Kosten für die Pflege. Der durchschnittliche Eigenanteil für die Heimversorgung steigt seit Jahren – und trotz diverser Reformen – kontinuierlich an. Zwar konnte die Preissteigerung etwas verlangsamt werden, eine signifikante Entlastung der Pflegebedürftigen konnte bis dato nicht erreicht werden.

Um die Pflege nachhaltig finanzieren zu können, sind Reformen notwendig, die sowohl die Finanzierung als auch die Organisation der Pflege betreffen. Zudem ist es an der Zeit neuen Versorgungskonzepten Raum zu verschaffen und umzusetzen. Dies wird Gesellschaft und Politik fordern Lösungen zu finden, um den steigenden Bedarf zu decken und die Qualität der Pflege zu gewährleisten.

B. Die soziale Pflegeversicherung

I. Grundlagen

Die Pflegeversicherung ist ein zentraler Bestandteil des sozialen Sicherungssystems in Deutschland und wurde 1995 als eigenständiger Zweig der Sozialversicherung eingeführt, um die finanziellen Belastungen durch Pflegebedürftigkeit zu verringern und die Qualität der Pflege zu sichern. Es handelt sich um eine sogenannte Teilkasko-Versicherung. Träger der sozialen Pflegeversicherung sind die Pflegekassen. Ihre Aufgaben werden von den Krankenkassen übernommen.[4]
Es gilt eine **Versicherungspflicht für alle gesetzlich und privat Versicherten**. Alle, die gesetzlich krankenversichert sind, sind automatisch auch pflegeversichert.[5] Privat Versicherte müssen eine Pflegeversicherung abschließen. Die Leistungen der sozialen Pflegeversicherung werden durch Beiträge finanziert, die anteilig von Arbeitgebern und Beschäftigten getragen werden.

> **Achtung:** Die Leistungen der Pflegekassen in Deutschland sind auf gesetzliche Höchstbeträge begrenzt, die gesetzliche Pflegeversicherung ist demnach eine sogenannte Teilkaskoversicherung, d. h. sie deckt nur einen Teil der tatsächlichen Pflegekosten ab.
> Es bleibt ein Eigenanteil übrig, der aus eigenem Einkommen, Vermögen oder durch eine entsprechende private Versicherungsleistung abgedeckt werden muss.

Die gesetzliche Grundlage der sozialen Pflegeversicherung findet sich im Elften Buch des Sozialgesetzbuchs (SGB XI). Dort ist unter anderem

---

4 vgl. § 1 Abs. 3 SGB XI
5 vgl. § 20 SGB XI

geregelt, wer Anspruch auf Versicherungsleistungen hat und welche Leistungen bei Pflegebedürftigkeit gegeben sind.

Pflegeleistungen werden, sofern die übrigen Anspruchsvoraussetzungen vorliegen, ab Antragstellung gewährt.[6] Voraussetzung ist jedoch, dass der Versicherte in den **letzten zehn Jahren vor der Antragstellung** zwei Jahre als Mitglied in die Pflegekasse eingezahlt hat oder familienversichert war.[7] Die Leistungsvoraussetzungen regelt § 33 XI (Sozialgesetzbuch (SGB) – Elftes Buch: Soziale Pflegeversicherung):

§ 33 Leistungsvoraussetzungen

(1) Versicherte erhalten die Leistungen der Pflegeversicherung auf Antrag. Die Leistungen werden ab Antragstellung gewährt, frühestens jedoch von dem Zeitpunkt an, in dem die Anspruchsvoraussetzungen vorliegen. Wird der Antrag nicht in dem Kalendermonat, in dem die Pflegebedürftigkeit eingetreten ist, sondern später gestellt, werden die Leistungen vom Beginn des Monats der Antragstellung an gewährt. Die Zuordnung zu einem Pflegegrad und die Bewilligung von Leistungen können befristet werden und enden mit Ablauf der Frist. Die Befristung erfolgt, wenn und soweit eine Verringerung der Beeinträchtigungen der Selbständigkeit oder der Fähigkeiten nach der Einschätzung des Medizinischen Dienstes zu erwarten ist. Die Befristung kann wiederholt werden und schließt Änderungen bei der Zuordnung zu einem Pflegegrad und bei bewilligten Leistungen im Befristungszeitraum nicht aus, soweit dies durch Rechtsvorschriften des Sozialgesetzbuches angeordnet oder erlaubt ist. Der Befristungszeitraum darf insgesamt die Dauer von drei Jahren nicht überschreiten. Um eine nahtlose Leistungsgewährung sicherzustellen, hat die Pflegekasse vor Ablauf einer Befristung rechtzeitig zu prüfen und dem Pflegebedürftigen sowie der ihn betreuenden Pflegeeinrichtung mitzuteilen, ob Pflegeleistungen weiterhin bewilligt werden und welchem Pflegegrad der Pflegebedürftige zuzuordnen ist.

(2) Anspruch auf Leistungen besteht, wenn der Versicherte in den letzten zehn Jahren vor der Antragstellung mindestens zwei Jahre als

---

6 § 33 Abs. 1 SGB XI
7 § 33 Abs. 2 SGB XI

Mitglied versichert oder nach § 25 familienversichert war. Zeiten der Weiterversicherung nach § 26 Abs. 2 werden bei der Ermittlung der nach Satz 1 erforderlichen Vorversicherungszeit mitberücksichtigt. Für versicherte Kinder gilt die Vorversicherungszeit nach Satz 1 als erfüllt, wenn ein Elternteil sie erfüllt.

(3) Personen, die wegen des Eintritts von Versicherungspflicht in der sozialen Pflegeversicherung oder von Familienversicherung nach § 25 aus der privaten Pflegeversicherung ausscheiden, ist die dort ununterbrochen zurückgelegte Versicherungszeit auf die Vorversicherungszeit nach Absatz 2 anzurechnen.

II. Pflegebedürftigkeit im Sinne des SGB XI – Wer gilt als pflegebedürftig?

Pflegebedürftig sind Menschen, die aufgrund einer gesundheitlich bedingten Beeinträchtigung der Selbstständigkeit dauerhaft auf die Hilfe andere angewiesen sind. Alltägliche Aktivitäten und Grundbedürfnisse können nicht mehr eigenständig bewältigt werden. Dieser Zustand muss voraussichtlich für **mindestens sechs Monate** bestehen.

Die gesetzliche Definition von Pflegebedürftigkeit findet sich in § 14 Abs. 1 SGB XI:

> **§ 14 Begriff der Pflegebedürftigkeit**
> Pflegebedürftig im Sinne dieses Buches sind Personen, die gesundheitlich bedingte Beeinträchtigungen der Selbständigkeit oder der Fähigkeiten aufweisen und deshalb der Hilfe durch andere bedürfen. Es muss sich um Personen handeln, die körperliche, kognitive oder psychische Beeinträchtigungen oder gesundheitlich bedingte Belastungen oder Anforderungen nicht selbständig kompensieren oder bewältigen können. Die Pflegebedürftigkeit muss auf Dauer, voraussichtlich für mindestens sechs Monate, und mit mindestens der in § 15 festgelegten Schwere bestehen.

III. Pflegegrade

Die Schwere der Pflegebedürftigkeit wird in Pflegegraden eingeteilt und bestimmt sich nach der Selbstständigkeit des Betroffenen in den verschiedenen Lebensbereichen. Die Pflegegrade wurden 2017 eingeführt und haben die bis dahin geltenden Pflegestufen abgelöst.[8] Bis 2017 wurde Pflegebedürftigkeit im Wesentlichen danach beurteilt, wie stark jemand körperlich beeinträchtigt war. Durch das Zweite Pflegestärkungsgesetz wurde ermöglicht, dass auch bei geistigen und psychischen Einschränkungen (z. B. Demenz) gleichberechtigter Zugang zu den Leistungen der Pflegeversicherung eröffnet ist.[9]

Um Leistungen aus der Pflegeversicherung erhalten zu können, muss ein Pflegegrad festgestellt worden sein.

> Schon einmal vorab: je höher der Pflegegrad, desto höher auch die jeweiligen Leistungen der Pflegekasse. Denn Pflegegrade spiegeln den individuellen Bedarf an Hilfe wider.

Die Pflegegrade geben an, wie selbstständig eine Person ist und wie viel Unterstützung sie braucht:

Pflegegrad 1
Geringe Beeinträchtigung der Selbstständigkeit
Diesen Pflegegrad erhalten Betroffene mit nur geringen Einschränkungen. Sie benötigen nur gelegentlich Hilfe, kommen aber im Regelfall noch weitestgehend allein zurecht.

---

8 Zweites Gesetz zur Stärkung der pflegerischen Versorgung und zur Änderung weiterer Vorschriften (Zweites Pflegestärkungsgesetz – PSG II)
9 Zweites Gesetz zur Stärkung der pflegerischen Versorgung und zur Änderung weiterer Vorschriften (Zweites Pflegestärkungsgesetz – PSG II)

Pflegegrad 2
Erhebliche Beeinträchtigung der Selbstständigkeit
Die pflegebedürftigen Personen haben bereits erhebliche Einschränkungen. Sie benötigen regelmäßig Hilfe, z. B. bei der Körperpflege oder der Nahrungsaufnahme.

Pflegegrad 3
Schwere Beeinträchtigung der Selbstständigkeit
Bei den Betroffenen liegen schwerwiegende Einschränkungen vor, sie benötigen bei vielen Tätigkeiten tägliche Unterstützung.

Pflegegrad 4
Schwerste Beeinträchtigung der Selbstständigkeit
Die betroffenen Personen sind nahezu in allen Bereichen des täglichen Lebens auf Hilfe angewiesen.

Pflegegrad 5
Pflegegrad 5 betrifft Personen, die zusätzlich zur stark eingeschränkten Selbstständigkeit einen besonderen pflegerischen Versorgungsaufwand erfordern.

Der Pflegegrad wird auf Basis eines Gutachtens bestimmt.

Zuständig für die Bestimmung des Pflegegrades ist der Medizinische Dienst (MD)[10] oder andere unabhängige Gutachter. Bei privaten Pflegeversicherungen übernimmt die MedicProof GmbH die Begutachtung.

Bei der Begutachtung gelten die Richtlinien des Medizinischen Dienstes Bund (MD Bund) zur Begutachtung von Pflegebedürftigkeit nach dem SGB XI.[11]

---

10 Der Medizinische Dienst (MD) ist der Beratungs- und Begutachtungsdienst der gesetzlichen Kranken- und Pflegeversicherung
11 Richtlinien des Medizinischen Dienstes Bund zur Feststellung der Pflegebedürftigkeit nach dem SGB XI vom 21. August 2024

Zudem gelten die Richtlinien zur Dienstleistungsorientierung im Begutachtungsverfahren.[12] Diese regeln die allgemeinen Verhaltensgrundsätze für Gutachter bei der Durchführung der Begutachtung.

§ 14 Abs. 2 SGB XI bestimmt die sechs Module zur Feststellung des Grades der Selbstständigkeit. Entscheidend sind:

- Mobilität
- Kognitive und kommunikative Fähigkeiten
- Verhaltensweisen und psychische Problemlagen
- Selbstversorgung
- Bewältigung von und selbstständiger Umgang mit krankheits- oder therapiebedingten Anforderungen
- Gestaltung des Alltagslebens und sozialer Kontakte und Belastungen

§14 Abs. 2 SGB XI konkretisiert die einzelnen Oberbegriffe:

(2) Maßgeblich für das Vorliegen von gesundheitlich bedingten Beeinträchtigungen der Selbständigkeit oder der Fähigkeiten sind die in den folgenden sechs Bereichen genannten pflegefachlich begründeten Kriterien:
1. **Mobilität:** Positionswechsel im Bett, Halten einer stabilen Sitzposition, Umsetzen, Fortbewegen innerhalb des Wohnbereichs, Treppensteigen;
2. **kognitive und kommunikative Fähigkeiten:** Erkennen von Personen aus dem näheren Umfeld, örtliche Orientierung, zeitliche Orientierung, Erinnern an wesentliche Ereignisse oder Beobachtungen, Steuern von mehrschrittigen Alltagshandlungen, Treffen von Entscheidungen im Alltagsleben, Verstehen von Sachverhalten und Informationen, Erkennen von Risiken und Gefahren, Mitteilen von elementaren Bedürfnissen, Verstehen von Aufforderungen, Beteiligen an einem Gespräch;
3. **Verhaltensweisen und psychische Problemlagen:** motorisch geprägte Verhaltensauffälligkeiten, nächtliche Unruhe,

---

12 Richtlinien des GKV-Spitzenverbandes zur Dienstleistungsorientierung im Begutachtungsverfahren (Dienstleistungs-Richtlinien – Die-RiLi)

selbstschädigendes und autoaggressives Verhalten, Beschädigen von Gegenständen, physisch aggressives Verhalten gegenüber anderen Personen, verbale Aggression, andere pflegerelevante vokale Auffälligkeiten, Abwehr pflegerischer und anderer unterstützender Maßnahmen, Wahnvorstellungen, Ängste, Antriebslosigkeit bei depressiver Stimmungslage, sozial inadäquate Verhaltensweisen, sonstige pflegerelevante inadäquate Handlungen;

4. **Selbstversorgung:** Waschen des vorderen Oberkörpers, Körperpflege im Bereich des Kopfes, Waschen des Intimbereichs, Duschen und Baden einschließlich Waschen der Haare, An- und Auskleiden des Oberkörpers, An- und Auskleiden des Unterkörpers, mundgerechtes Zubereiten der Nahrung und Eingießen von Getränken, Essen, Trinken, Benutzen einer Toilette oder eines Toilettenstuhls, Bewältigen der Folgen einer Harninkontinenz und Umgang mit Dauerkatheter und Urostoma, Bewältigen der Folgen einer Stuhlinkontinenz und Umgang mit Stoma, Ernährung parenteral oder über Sonde, Bestehen gravierender Probleme bei der Nahrungsaufnahme bei Kindern bis zu 18 Monaten, die einen außergewöhnlich pflegeintensiven Hilfebedarf auslösen;

5. **Bewältigung von und selbständiger Umgang mit krankheits- oder therapiebedingten Anforderungen und Belastungen:**
   a) in Bezug auf Medikation, Injektionen, Versorgung intravenöser Zugänge, Absaugen und Sauerstoffgabe, Einreibungen sowie Kälte- und Wärmeanwendungen, Messung und Deutung von Körperzuständen, körpernahe Hilfsmittel,
   b) in Bezug auf Verbandswechsel und Wundversorgung, Versorgung mit Stoma, regelmäßige Einmalkatheterisierung und Nutzung von Abführmethoden, Therapiemaßnahmen in häuslicher Umgebung,
   c) in Bezug auf zeit- und technikintensive Maßnahmen in häuslicher Umgebung, Arztbesuche, Besuche anderer medizinischer oder therapeutischer Einrichtungen, zeitlich ausgedehnte Besuche medizinischer oder therapeutischer

Einrichtungen, Besuch von Einrichtungen zur Frühförderung bei Kindern sowie

d) in Bezug auf das Einhalten einer Diät oder anderer krankheits- oder therapiebedingter Verhaltensvorschriften;

6. **Gestaltung des Alltagslebens** und sozialer Kontakte: Gestaltung des Tagesablaufs und Anpassung an Veränderungen, Ruhen und Schlafen, Sichbeschäftigen, Vornehmen von in die Zukunft gerichteten Planungen, Interaktion mit Personen im direkten Kontakt, Kontaktpflege zu Personen außerhalb des direkten Umfelds.

(3) Beeinträchtigungen der Selbständigkeit oder der Fähigkeiten, die dazu führen, dass die Haushaltsführung nicht mehr ohne Hilfe bewältigt werden kann, werden bei den Kriterien der in Absatz 2 genannten Bereiche berücksichtigt.

§ 14 Abs. 2 SGB XI legt die entscheidenen Module fest, § 15 SGB XI normiert das Punktesystem zur Einteilung in die Pflegegrade. In jedem der sechs Module werden Punkte vergeben, die den Grad der Selbstständigkeit widerspiegeln. Die Punkte werden danach addiert, und auf Basis der Gesamtpunktzahl wird der Pflegegrad festgelegt.

- Pflegegrad 1: 12,5 bis unter 27 Punkte
- Pflegegrad 2: 27 bis unter 47,5 Punkte
- Pflegegrad 3: 47,5 bis unter 70 Punkte
- Pflegegrad 4: 70 bis unter 90 Punkte
- Pflegegrad 5: 90 bis 100 Punkte

Achtung: Diese Werte beziehen sich auf Erwachsene. Im Unterschied zu Erwachsenen wird bei Kindern der Pflegegrad im Vergleich zu einem gesunden, gleichaltrigen Kind betrachtet.

Der Gutachter überprüft die Selbstständigkeit des Betroffenen in den verschiedenen Lebensbereichen. Je höher der Unterstützungsbedarf, desto mehr Punkte werden vergeben. In jedem Modul werden die jeweils erreichbaren Summen aus Einzelpunkten nach festgelegten

Punktbereichen gegliedert.[13] Die Summen der Punkte werden nach den Beeinträchtigungen der Selbstständigkeit oder der Fähigkeiten wie folgt bezeichnet:

- **Punktbereich 0:** keine Beeinträchtigungen der Selbstständigkeit oder der Fähigkeiten
- **Punktbereich 1:** geringe Beeinträchtigungen der Selbstständigkeit oder der Fähigkeiten
- **Punktbereich 2:** erhebliche Beeinträchtigungen
- **Punktbereich 3:** schwere Beeinträchtigungen der Selbstständigkeit oder der Fähigkeiten
- **Punktbereich 4:** schwerste Beeinträchtigungen der Selbstständigkeit oder der Fähigkeiten.

Die so festgestellte Einschränkung, so § 14 Abs. 1 SGB XI, muss **auf Dauer,** voraussichtlich **mindestens sechs Monate** bestehen.

1. Pflegebedarf unter sechs Monaten – rechtliche Abgrenzung

Was muss beachtet werden, wenn die Pflegebedürftigkeit nicht von Dauer ist? Diese Frage kann anhand eines Beispiels beantwortet werden.

> **Beispiel:**
> Erna Müller, 75 Jahre, war bis zu ihrem Sturz und dem Bruch eines Handgelenks nicht auf fremde Hilfe angewiesen. Sie wurde zunächst im Krankenhaus behandelt und soll nun nach Hause entlassen werden. Erna lebt alleine und kann sich aufgrund der Verletzung nicht selbst versorgen. Dieser Zustand wird aber nicht für sechs Monate oder mehr bestehen, sondern die Verletzung wird in wenigen Wochen ausgeheilt sein. Ein Pflegegrad kann daher nicht von der Pflegekasse erteilt werden.

---

13 Anlage 2 zum SGB XI

In solchen Fällen bietet das SGB V (Sozialgesetzbuch, Fünftes Buch: Gesetzlichen Krankenversicherung) Möglichkeiten, Pflegeleistungen in Anspruch zu nehmen, auch wenn kein Pflegegrad vorliegt.

Exkurs: Unterschied Pflegeversicherung – Krankenversicherung
Pflegeversicherung und Krankenversicherung sind zwei unterschiedliche Sozialversicherungen in Deutschland, die jeweils spezifische Leistungen abdecken.

Die **Krankenversicherung** ist ein Teil des deutschen Sozialversicherungssystems und deckt die Kosten für die medizinische Versorgung im Falle von Krankheit, Unfall oder Schwangerschaft. Das SGB V stellt die gesetzliche Grundlage der Krankenversicherung dar. Dort ist unter anderem geregelt, wer Anspruch auf Versicherungsleistungen hat und welche Leistungen im Krankheitsfall gegeben sind, wie etwa Arztbesuche, Krankenhausbehandlung, Operationen und Vorsorgeuntersuchungen. Leistungen der Krankenversicherung sind darauf ausgerichtet, Krankheiten zu heilen, zu lindern oder diesen vorzubeugen.

Die **Pflegeversicherung** wiederum stellt Leistungen für die Pflege und Betreuung von dauerhaft Pflegebedürftigen. Ist jemand aufgrund von Alter, Krankheit oder Behinderung dauerhaft auf Hilfe angewiesen, soll durch die Pflegeversicherung ein Beitrag zur notwendigen Pflege geleistet werden.

> **Beispiel:**
> Zurück zu Erna Müller: Erna braucht für die nächsten Wochen Unterstützung im Haushalt und bei der Körperpflege. Leistungen der Pflegeversicherung sind ausgeschlossen, da der Bruch in ihrer Hand in wenigen Wochen verheilt sein wird. Nun hilft die Krankenversicherung z. B. im Rahmen der häuslichen Krankenpflege.

2. Häusliche Krankenpflege, § 37 SGB V

Zu den Leistungen der häuslichen Krankenpflege gehören Grundpflege, Behandlungspflege und hauswirtschaftliche Versorgung. Sie wird durch einen Arzt verordnet. Dieser stellt fest, welche Art der Pflege notwendig ist und für welchen Zeitraum die Leistungen erforderlich sind. Dies erfolgt – wie in dem Beispiel – oft im Zusammenhang mit der ärztlichen Behandlung im Krankenhaus. Nachdem ein Arzt die notwendigen Leistungen verordnet hat, prüft die Krankenkasse, ob und in welchem Umfang die häusliche Krankenpflege übernommen wird.

> **Achtung:** Die Kosten der häuslichen Krankenpflege werden in der Regel vollständig von der gesetzlichen Krankenkasse übernommen. Die Versicherten müssen eine Zuzahlung leisten, die in der Regel 10 % der Verordnung beträgt.

Geregelt ist die häusliche Krankenpflege in § 37 SGB V (Sozialgesetzbuch (SGB) – Fünftes Buch: Gesetzliche Krankenversicherung):

§ 37 Häusliche Krankenpflege

(1) Versicherte erhalten in ihrem Haushalt, ihrer Familie oder sonst an einem geeigneten Ort, insbesondere in betreuten Wohnformen, Schulen und Kindergärten, bei besonders hohem Pflegebedarf auch in Werkstätten für behinderte Menschen neben der ärztlichen Behandlung häusliche Krankenpflege durch geeignete Pflegekräfte, wenn Krankenhausbehandlung geboten, aber nicht ausführbar ist, oder wenn sie durch die häusliche Krankenpflege vermieden oder verkürzt wird. § 10 der Werkstättenverordnung bleibt unberührt. Die häusliche Krankenpflege umfaßt die im Einzelfall erforderliche Grund- und Behandlungspflege sowie hauswirtschaftliche Versorgung. Der Anspruch besteht bis zu vier Wochen je Krankheitsfall. In begründeten Ausnahmefällen kann die Krankenkasse die häusliche Krankenpflege für einen längeren Zeitraum bewilligen, wenn der Medizinische Dienst (§ 275) festgestellt hat, daß dies aus den in Satz 1 genannten Gründen erforderlich ist.

(1a) Versicherte erhalten an geeigneten Orten im Sinne von Absatz 1 Satz 1 wegen schwerer Krankheit oder wegen akuter Verschlimmerung einer Krankheit, insbesondere nach einem Krankenhausaufenthalt, nach einer ambulanten Operation oder nach einer ambulanten Krankenhausbehandlung, soweit keine Pflegebedürftigkeit mit Pfle-

III. – Pflegegrade

gegrad 2, 3, 4 oder 5 im Sinne des Elften Buches vorliegt, die erforderliche Grundpflege und hauswirtschaftliche Versorgung. Absatz 1 Satz 4 und 5 gilt entsprechend.

(2) Versicherte erhalten in ihrem Haushalt, ihrer Familie oder sonst an einem geeigneten Ort, insbesondere in betreuten Wohnformen, Schulen und Kindergärten, bei besonders hohem Pflegebedarf auch in Werkstätten für behinderte Menschen als häusliche Krankenpflege Behandlungspflege, wenn diese zur Sicherung des Ziels der ärztlichen Behandlung erforderlich ist. § 10 der Werkstättenverordnung bleibt unberührt. Der Anspruch nach Satz 1 besteht nicht für Versicherte mit einem besonders hohen Bedarf an medizinischer Behandlungspflege, die Anspruch auf Leistungen nach § 37c haben, soweit diese Leistungen tatsächlich erbracht werden. Die Satzung kann bestimmen, dass die Krankenkasse zusätzlich zur Behandlungspflege nach Satz 1 als häusliche Krankenpflege auch Grundpflege und hauswirtschaftliche Versorgung erbringt. Die Satzung kann dabei Dauer und Umfang der Grundpflege und der hauswirtschaftlichen Versorgung nach Satz 4 bestimmen. Leistungen nach den Sätzen 4 und 5 sind nach Eintritt von Pflegebedürftigkeit mit mindestens Pflegegrad 2 im Sinne des Elften Buches nicht zulässig. Versicherte, die nicht auf Dauer in Einrichtungen nach § 71 Abs. 2 oder 4 des Elften Buches aufgenommen sind, erhalten Leistungen nach Satz 1 und den Sätzen 4 bis 6 auch dann, wenn ihr Haushalt nicht mehr besteht und ihnen nur zur Durchführung der Behandlungspflege vorübergehender Aufenthalt in einer Einrichtung oder in einer anderen geeigneten Unterkunft zur Verfügung gestellt wird.

(…)

3. Weitere Leistungen der gesetzlichen Krankenversicherung im Überblick

a) Haushaltshilfe, § 38 SGB V

Die Haushaltshilfe nach § 38 SGB V ist eine Leistung der Krankenversicherung, die gewährt werden kann, wenn aufgrund einer Krankheit oder nach einem Krankenhausaufenthalt der Haushalt nicht weitergeführt werden kann und eine andere im Haushalt lebende Person außerstande ist die Haushaltsführung zu übernehmen. Der Anspruch besteht grundsätzlich längstens für die **Dauer von vier Wochen**. Wenn im Haushalt ein Kind lebt, das das 12. Lebensjahr bei Beginn der Haushaltshilfe noch nicht vollendet hat oder behindert und auf Hilfe angewiesen ist, verlängert sich der Anspruch auf bis zu 26 Wochen.

> **§ 38 Haushaltshilfe**
>
> (1) Versicherte erhalten Haushaltshilfe, wenn ihnen wegen Krankenhausbehandlung oder wegen einer Leistung nach § 23 Abs. 2 oder 4, §§ 24, 37, 40 oder § 41 die Weiterführung des Haushalts nicht möglich ist. Voraussetzung ist ferner, daß im Haushalt ein Kind lebt, das bei Beginn der Haushaltshilfe das zwölfte Lebensjahr noch nicht vollendet hat oder das behindert und auf Hilfe angewiesen ist. Darüber hinaus erhalten Versicherte, soweit keine Pflegebedürftigkeit mit Pflegegrad 2, 3, 4 oder 5 im Sinne des Elften Buches vorliegt, auch dann Haushaltshilfe, wenn ihnen die Weiterführung des Haushalts wegen schwerer Krankheit oder wegen akuter Verschlimmerung einer Krankheit, insbesondere nach einem Krankenhausaufenthalt, nach einer ambulanten Operation oder nach einer ambulanten Krankenhausbehandlung, nicht möglich ist, längstens jedoch für die Dauer von vier Wochen. Wenn im Haushalt ein Kind lebt, das bei Beginn der Haushaltshilfe das zwölfte Lebensjahr noch nicht vollendet hat oder das behindert und auf Hilfe angewiesen ist, verlängert sich der Anspruch nach Satz 2 auf längstens 26 Wochen. Die Pflegebedürftigkeit

von Versicherten schließt Haushaltshilfe nach den Sätzen 3 und 4 zur Versorgung des Kindes nicht aus.

(...)

(3) Der Anspruch auf Haushaltshilfe besteht nur, soweit eine im Haushalt lebende Person den Haushalt nicht weiterführen kann.

(4) Kann die Krankenkasse keine Haushaltshilfe stellen oder besteht Grund, davon abzusehen, sind den Versicherten die Kosten für eine selbstbeschaffte Haushaltshilfe in angemessener Höhe zu erstatten. Für Verwandte und Verschwägerte bis zum zweiten Grad werden keine Kosten erstattet; die Krankenkasse kann jedoch die erforderlichen Fahrkosten und den Verdienstausfall erstatten, wenn die Erstattung in einem angemessenen Verhältnis zu den sonst für eine Ersatzkraft entstehenden Kosten steht.

(...)

b) Außerklinische Intensivpflege, § 37c SGB V

Außerklinische Intensivpflege richtet sich an schwerkranke Pflegebedürftige, bei denen mit hoher Wahrscheinlichkeit täglich und zu unvorhersehbaren Zeiten lebensbedrohliche gesundheitliche Situationen auftreten können. Dies betrifft oft Menschen, die künstlich beatmet werden oder eine Trachealkanüle haben.

§ 37c SGB V stellt die gesetzliche Grundlage dar, um schwerkranken Patienten eine intensive, spezialisierte Versorgung bieten zu können:

§ 37c Außerklinische Intensivpflege

(1) Versicherte mit einem besonders hohen Bedarf an medizinischer Behandlungspflege haben Anspruch auf außerklinische Intensivpflege. Ein besonders hoher Bedarf an medizinischer Behandlungspflege liegt vor, wenn die ständige Anwesenheit einer geeigneten Pflegefachkraft zur individuellen Kontrolle und Einsatzbereitschaft oder ein vergleichbar intensiver Einsatz einer Pflegefachkraft erforderlich ist. Der Anspruch auf außerklinische Intensivpflege umfasst die medizinische Behandlungspflege, die zur Sicherung des Ziels der ärztlichen Behandlung erforderlich ist, sowie eine Beratung durch die Kranken-

kasse, insbesondere zur Auswahl des geeigneten Leistungsorts nach Absatz 2.

(...)

(2) Versicherte erhalten außerklinische Intensivpflege
1. in vollstationären Pflegeeinrichtungen, die Leistungen nach § 43 des Elften Buches erbringen,
2. in Einrichtungen im Sinne des § 43a Satz 1 in Verbindung mit § 71 Absatz 4 Nummer 1 des Elften Buches oder Räumlichkeiten im Sinne des § 43a Satz 3 in Verbindung mit § 71 Absatz 4 Nummer 3 des Elften Buches,
3. in einer Wohneinheit im Sinne des § 132l Absatz 5 Nummer 1 oder
4. in ihrem Haushalt oder in ihrer Familie oder sonst an einem geeigneten Ort, insbesondere in betreuten Wohnformen, in Schulen, Kindergärten und in Werkstätten für behinderte Menschen.

c) Kurzzeitpflege bei fehlender Pflegebedürftigkeit, § 39c SGB V

§ 39c SGB V ermöglicht eine Kurzzeitpflege in einer vollstationären Einrichtung z. B. aufgrund einer schweren Erkrankung oder nach einem Krankenhausaufenthalt, wenn die häusliche Krankenpflege nach § 37 Abs. 1 a SGB V nicht ausreicht. Dadurch können auch Betroffene ohne Pflegegrad, die über einen kurzen Zeitraum auf intensive Pflege angewiesen sind, in einer vollstationären Einrichtung versorgt werden.

§ 39c Kurzzeitpflege bei fehlender Pflegebedürftigkeit

Reichen Leistungen der häuslichen Krankenpflege nach § 37 Absatz 1a bei schwerer Krankheit oder wegen akuter Verschlimmerung einer Krankheit, insbesondere nach einem Krankenhausaufenthalt, nach einer ambulanten Operation oder nach einer ambulanten Krankenhausbehandlung, nicht aus, erbringt die Krankenkasse die erforderliche Kurzzeitpflege entsprechend § 42 des Elften Buches für eine Übergangszeit, wenn keine Pflegebedürftigkeit mit Pflegegrad 2, 3, 4

III. – Pflegegrade

oder 5 im Sinne des Elften Buches festgestellt ist. Im Hinblick auf die Leistungsdauer und die Leistungshöhe gilt § 42 Absatz 2 Satz 1 und 2 des Elften Buches entsprechend. Die Leistung kann in zugelassenen Einrichtungen nach dem Elften Buch oder in anderen geeigneten Einrichtungen erbracht werden.
Der Anspruch besteht für acht Wochen. Kosten werden bis zur Höhe von 1.774 EUR im Kalenderjahr übernommen. Die Kosten der Unterkunft werden – wie auch bei der regulären Kurzzeitpflege mit Pflegebedürftigkeit – nicht übernommen.

C. Pflegeleistungen beantragen – Verfahren

Der erste Schritt ist die Antragstellung bei der eigenen Pflegekasse. Dies gilt sowohl für gesetzliche als auch für privat Versicherte. Der Weg zum Pflegegrad und den damit verbundenen Leistungsansprüchen ist nicht selbsterklärend. Wer ist zuständig? Was muss beantragt werden? Wie läuft die Begutachtung ab? Das folgende Kapitel zeigt Schritt für Schritt, wie man Pflgeleistungen richtig beantragt. Zunächst widmen wir uns der Frage, was die Pflegegrade für den Betroffenen konkret aussagen.

I. Was bedeuten die Pflegegrade für den Pflegebedürftigen?

Die Pflegegrade geben an, wie selbstständig eine Person ist und wie viel Unterstützung sie braucht. Sie stellen zudem die Grundlage für die Leistungen der Pflegeversicherung dar, d.h. sie bestimmen Art und Höhe der Leistungen aus der Pflegeversicherung.

> **Achtung:** Die Leistungen der gesetzlichen Pflegeversicherung sind bei Pflegegrad 1 stark eingeschränkt. Erst ab Pflegegrad 2 ist das volle Leistungsspektrum der Pflegekasse eröffnet.

Um einen Pflegegrad in Deutschland zu erhalten, muss ein Antrag bei der zuständigen, also der eigenen Pflegekasse, gestellt werden.

II. Ablauf des Verfahrens zur Feststellung des Pflegegrades

Das Verfahren läuft in mehreren Schritten ab.

1. Antragstellung

Sowohl für gesetzlich als auch privat Versicherte gilt: Der erste Schritt ist die Antragstellung bei der eigenen Pflegekasse. Dies kann grundsätzlich erst einmal formlos z. B. telefonisch erfolgen. Im Zweifel sollte sich der Betroffene die Antragstellung schriftlich bestätigen lassen. Die Pflegekasse schickt darauf hin die notwendigen Formulare, die ausgefüllt eingereicht werden müssen. Oft findet man die Formulare auch online auf den Seiten der jeweiligen Kassen. Den Antrag können auch Angehörige, Nachbar oder sonstige Vertraute des Pflegebedürftigen stellen, sofern eine entsprechende Vollmacht (siehe G.IV) vorliegt.

2. Begutachtung

Nachdem ein Antrag bei der Pflegekassen gestellt wurde, beauftragt die Pflegekasse den Medizinischen Dienst oder andere unabhängige Gutachter mit der Begutachtung zur Feststellung der Pflegebedürftigkeit. Bei privaten Pflegeversicherungen ist dieser Dienst bei der MedicProof GmbH angesiedelt. Ein Gutachter besucht in der Folge in der Regel die pflegebedürftige Person zu Hause oder in der Pflegeeinrichtung, um den individuellen Pflegebedarf zu ermitteln und erstellt ein Gutachten und leitet es an die Pflegekasse weiter.

Achtung: Am besten ist die Pflegeperson auch bei der Begutachtung anwesend. Denn die Pflegeperson kennt den Alltag der pflegebedürftigen Person am besten und kann wichtige Informationen zum tatsächlichen Unterstützungsbedarf geben. Oft sind die Betroffen nicht selbst dazu in der Lage, die vorhandenen Einschränkunfgen vollumfänglich darzustellen. Die Gründe hierfür sind vielfältig und sind oft auf Scham, Vergesslichkeit oder fehlende korrekte Selbsteinschätzung zurückzuführen. Daher hilft die Anwesenheit der Pflegeperson, ein realistisches Bild der Pflegesituation zu vermitteln.

Neu geschaffen wurde nun die Möglichkeit einer **telefonischen Pflegebegutachtung** per Videotelefonie.[14]

Der Gutachter bestimmt im Rahmen der Begutachtung die Selbstständigkeit des Betroffenen in verschiedenen gesetzlich festgelegten Modulen (siehe Kapitel B.III.).

3. Bescheid der Pflegekasse

Die zuständige Pflegekasse entscheidet auf Grundlage des Gutachtens über die Zuteilung des Pflegegrades und informiert die pflegebedürftige Person schriftlich über den festgestellten Pflegegrad und die damit verbundenen möglichen Leistungen.

Die Pflegekasse muss grundsätzlich **innerhalb von 25 Arbeitstagen schriftlich** über den Antrag entscheiden. Sollte dies nicht geschehen, haben Versicherte einen Anspruch auf Entschädigung von 70 Euro je Woche. Dies gilt jedoch nicht, wenn die Pflegekasse die Verzögerung nicht zu verantworten hat.

Diese Frist von 25 Arbeitstagen kann sich z. B. bei einem Aufenthalt im Krankenhaus oder in einer stationären Rehabilitationseinrichtung auf eine Woche verkürzen, wenn dies zur Sicherstellung der weiteren Versorgung erforderlich ist.

a) Bescheid über Pflegebedürftigkeit ist Verwaltungsakt

Die Entscheidung über den Pflegegrad stellt einen Verwaltungsakt dar. Ein Verwaltungsakt ist eine Entscheidung, die eine Behörde trifft, um

---

14 Gesetz zur Beschleunigung der Digitalisierung des Gesundheitswesens (Digital-Gesetz – DigiG)

einen bestimmten Einzelfall zu regeln. Eine vollständige Definition findet man in § 31 SGB X (Sozialgesetzbuch – Zehntes Buch (SGB X):

> **§ 31 Begriff des Verwaltungsaktes**
> Verwaltungsakt ist jede Verfügung, Entscheidung oder andere hoheitliche Maßnahme, die eine Behörde zur Regelung eines Einzelfalles auf dem Gebiet des öffentlichen Rechts trifft und die auf unmittelbare Rechtswirkung nach außen gerichtet ist.
> (...)

> **Achtung:** Wird gegen einen Verwaltungsakt kein Rechtsbehelf eingelegt oder bleibt dieser erfolglos, ist der Verwaltungsakt für die Beteiligten in der Sache bindend.

b) Rechtsbehelfsbelehrung

Jeder Verwaltungsakt muss mit einer sogenannten Rechtsbehelfsbelehrung versehen sein. Diese ist ein wichtiger Bestandteil des Verwaltungsaktes und dient dazu, die Betroffenen darüber zu informieren, wie sie gegen die Entscheidung vorgehen, wenn sie mit deren Inhalt nicht einverstanden sind. Sie ist in § 36 SGB X geregelt:

> **§ 36 Rechtsbehelfsbelehrung**
> Erlässt die Behörde einen schriftlichen Verwaltungsakt oder bestätigt sie schriftlich einen Verwaltungsakt, ist der durch ihn beschwerte Beteiligte über den Rechtsbehelf und die Behörde oder das Gericht, bei denen der Rechtsbehelf anzubringen ist, deren Sitz, die einzuhaltende Frist und die Form schriftlich zu belehren. Erlässt die Behörde einen elektronischen Verwaltungsakt oder bestätigt sie elektronisch einen Verwaltungsakt, hat die Rechtsbehelfsbelehrung nach Satz 1 elektronisch zu erfolgen.

4. Höherstufungsantrag

Ein Höherstufungsantrag auf einen höheren Pflegegrad kann gestellt werden, wenn sich der Gesundheitszustand der pflegebedürftigen Person wesentlich verschlechtert. Hierbei ist entscheidend, dass neue, relevante Tatsachen vorliegen, die den erhöhten Pflegebedarf begründen. Auch hier nimmt der Betroffene zunächst mit der Pflegekasse Kontakt auf und beantragt eine Erhöhung des Pflegegrades. Auch in diesem Fall besucht ein Gutachter die pflegebedürftige Person zu Hause oder in der Pflegeeinrichtung, um den individuellen und aktuellen Pflegebedarf zu ermitteln und erstellt ein Gutachten und leitet es an die Pflegekasse weiter.

5. Eilantrag

Ein Eilantrag auf Pflegeleistungen kann nötig sein, wenn die Frist von 25 Arbeitstagen im Einzelfall nicht zumutbar ist. Häufig stellen diesen Antrag Personen, die in einem Krankenhaus behandelt werden und bei denen die Versorgung nach Entlassung aus diesem nicht sichergestellt wäre. Es wird in einem ersten Schritt nur ein Eilgutachten erstellt und damit festgestellt, ob mindesten PG 2 vorliegt. Ein ausführliches Gutachten wird nachgeholt.

6. Vorgehen gegen eine Entscheidung der Pflegekasse

Man ist mit der Entscheidung der Pflegekasse nicht einverstanden – was nun?

Wenn der Pflegegrad abgelehnt wird oder der zugeteilte Pflegegrad zu niedrig erscheint, muss das nicht ohne Weiteres so hingenommen werden.

Zunächst kann und muss Widerspruch eingelegt werden. Einen Widerspruch einzulegen bedeutet, dass man mit der Entscheidung nicht einverstanden ist und diese überprüfen lassen möchte. Dabei handelt es sich um einen sogenannten Rechtsbehelf. Der Rechtsbehelf muss nicht als Widerspruch bezeichnet werden. Vielmehr ist entscheidend, dass zum Ausdruck kommt, dass der Betroffene eine Überprüfung anstrebt und sich durch die Entscheidung beeinträchtigt fühlt.[15] Ebensowenig ist eine Begründung notwendig.[16] Allerdings kann nur empfohlen werden, den Widerspruch zu begründen.

a) Widerspruch

Ein Widerspruch geht der Möglichkeit einer Klage vor dem zuständigen Sozialgericht zwingend voraus. Rechtmäßigkeit und Zweckmäßigkeit des Verwaltungsaktes müssen in einem förmlichen Vorverfahren geprüft werden.[17] Das Vorverfahren hat das Ziel unnötige Gerichtsverfahren zu vermeiden. Die verantwortliche Stelle hat so die Möglichkeit, ihren Verwaltungsakt auf Rechtmäßigkeit zu überprüfen und gegebenenfalls die Entscheidung zu korrigieren.

Der Widerspruch muss **innerhalb eines Monats** bei der Pflegekasse eingereicht werden. Beachten Sie unbedingt die Widerspruchsfrist!

Achtung: Die Einhaltung der Frist ist sehr wichtig, da nach Ablauf grundsätzlich kein Widerspruch mehr möglich ist.

Für den **Fristbeginn** entscheidend ist die Bekanntgabe gegenüber dem Betroffenen, also dem Pflegebedürftigen. Sollte sich dieser durch einen Bevollmächtigten vertreten lassen, kann der Verwaltungsakt zwar gegenüber diesem bekanntgegeben werden – eine Verpflichtung diesbezüglich besteht aber nicht.[18] Die Fristberechnung ist in § 64 Sozialgerichtsgesetz (SGG) geregelt:

---

15 Meyer-Ludewig/Keller Schmidt SGG, 14. Auflage 2023, § 84 Rn. 2
16 Meyer-Ludewig/Keller Schmidt SGG § 84 Rn. 2
17 Meyer-Ladewig, Keller, Schmit SGG Vor § 77, Rn. 1a
18 Meyer-Ladewig/Keller Schmidt SGG § 84 Rn. 4

> **§ 64 SGG**
>
> (1) Der Lauf einer Frist beginnt, soweit nichts anderes bestimmt ist, mit dem Tag nach der Zustellung oder, wenn diese nicht vorgeschrieben ist, mit dem Tag nach der Eröffnung oder Verkündung.
>
> (2) Eine nach Tagen bestimmte Frist endet mit dem Ablauf ihres letzten Tages, eine nach Wochen oder Monaten bestimmte Frist mit dem Ablauf desjenigen Tages der letzten Woche oder des letzten Monats, welcher nach Benennung oder Zahl dem Tag entspricht, in den das Ereignis oder der Zeitpunkt fällt. Fehlt dem letzten Monat der entsprechende Tag, so endet
> die Frist mit dem Monat.
>
> (3) Fällt das Ende einer Frist auf einen Sonntag, einen gesetzlichen Feiertag oder einen Sonnabend, so endet die Frist mit Ablauf des nächsten Werktags.

Eine Monatsfrist endet mit dem dem Ablauf des entsprechenden Tages des nächsten Monats.

> **Beispiel:**
> Wird dem Antragsteller der Verwaltungsakt am 9.1. zugestellt, endet die Monatsfrist am 9.2. um 24:00 Uhr.
> Das Fristende verschiebt sich, wenn es auf einen Sonntag, einen Feierabend oder Sonnabends fällt. Dann endet die Frist mit Ablauf des nächsten Werktages.

> **Achtung:** Die Monatsfrist gilt aber nur, wenn der Bescheid mit einer Rechtsbehelfsbelehrung versehen ist.[19]

b) Form des Widerspruchs

Ein Widerspruch kann schriftlich, schriftformersetzend, in elektronischer Form oder zur Niederschrift erklärt werden. Die fehlende From kann nur innerhalb der Frist nachgeholt werden.[20]

---

19 Meyer-Ludewig/Keller Schmidt SGG § 84 Rn. 4e
20 Meyer-Ludewig/Keller Schmidt SGG § 84 Rn. 3

aa) Schriftform

Ist Schriftform gefordert, muss gem. § 126 Bürgerliches Gesetzbuch (BGB) ein Schriftstück eigenhändig durch Namensunterschrift unterzeichnet werden. Eine E-Mail genügt der Formvorschrift nicht, es sei denn das unterschriebene Dokument ist mit einer qualifizierten elektronischen Signatur versehen, § 126a BGB.

Es empfiehlt sich, falls der Widerspruch schriftlich erfolgt, den Widerspruch per Einschreiben zu versenden, um den Nachweis zu haben, dass er fristgerecht eingegangen ist.

bb) Schriftformersetzend

Ebenso kann der Widerspruch auch als elektronisches Dokument nach den Vorgaben des § 36a SGB I (Sozialgesetzbuch (SGB) – Erstes Buch: Allgemeiner Teil) übermittelt werden. Es bedarf einer qualifizierten elektronischen Signatur.

cc) Zur Niederschrift

Grundsätzlich kann der Widerspruch auch zur Niederschrift bei der entscheidenden Behörde erhoben werden. Die Behörde muss die Niederschrift aufnehmen und der Betroffenen muss persönlich anwesend sein.[21]

Ist der Widerspruch bei der Pflegekassen eingegangen, überprüft diese den Vorgang und entscheidet, ob dem Widerspruch entsprochen werden muss, weil ein Fehler in der ersten Entscheidung vorliegt. In diesem Fall ergeht ein neuer korrigierter Bescheid.

Sollte eine erneute Überprüfung und die neue Begutachtung zu keiner neuen Entscheidung führen, wird ein sogenannter Widerspruchsbescheid erlassen. Damit hält man an der ursprünglichen Entscheidung fest. Diese und die weiteren Voraussetzungen sind in § 84 SGG geregelt:

§ 84 SGG
(1) Der Widerspruch ist binnen eines Monats, nachdem der Verwaltungsakt dem Beschwerten bekanntgegeben worden ist, schrift-

---

21 Meyer-Ludewig/Keller Schmidt SGG § 84 Rn. 3b

lich, in elektronischer Form nach § 36a Absatz 2 des Ersten Buches Sozialgesetzbuch, schriftformersetzend nach § 36a Absatz 2a des Ersten Buches Sozialgesetzbuch und § 9a Absatz 5 des Onlinezugangsgesetzes oder zur Niederschrift bei der Stelle einzureichen, die den Verwaltungsakt erlassen hat. Die Frist beträgt bei Bekanntgabe im Ausland drei Monate.
(…)

c) Klage vor dem Sozialgericht

Die Sozialgerichte sind für die Entscheidung im ersten Rechtszug zuständig. Örtlich zuständig ist das Sozialgericht, in dessen Bezirk der Betroffene zur Zeit der Klageerhebung seinen Wohnsitz hat. Hat der Betroffenen keinen Wohnsitz, wird auf den tatsächlichen Aufenthaltsort abgestellt.

Wurde das zwingende Vorverfahren durchgeführt und der Widerspruchsbescheid ist zugegangen, kann ein Betroffener innerhalb von einem Monat Klage vor dem zuständigen Sozialgericht erheben.

Geregelt ist dies in § 87 SGG:

§ 87 SGG
(1) Die Klage ist binnen eines Monats nach Bekanntgabe des Verwaltungsakts zu erheben.
Die Frist beträgt bei Bekanntgabe im Ausland drei Monate. Bei einer öffentlichen Bekanntgabe nach § 85 Abs. 4 beträgt die Frist ein Jahr. Die Frist beginnt mit dem Tag zu laufen, an dem seit dem Tag der letzten Veröffentlichung zwei Wochen verstrichen sind.
(2) Hat ein Vorverfahren stattgefunden, so beginnt die Frist mit der Bekanntgabe des Widerspruchsbescheids.

Auch der Widerspruchsbescheid ist mit einer Rechtsbehelfserklärung zu versehen. Dort findet der Betroffen alle wichtigen Informationen, wie etwa das zuständige Gericht. Die Klage muss dann innerhalb von einem Monat nach Bekanntgabe des Widerspruchsbescheides erhoben werden, also ab dem Zeitpunkt, wenn dem Betroffenen die Entscheidung zugeht.

Achtung: Vor dem Sozialgericht besteht **kein Anwaltszwang**. Es ist also nicht vorgeschrieben, dass man sich vor Gericht anwaltlich vertreten lassen muss. Der Betroffen kann aber jederzeit einen Anwalt mit der Angelegenheit beauftragen.

D. Inhalt der Leistungen der Pflegeversicherung

I. Leistungen der gesetzlichen Pflegeversicherung

Wir erinnern uns: Die Pflegeversicherung in Deutschland ist als sogenannte Teilkaskoversicherung ausgestaltet und deckt somit nicht alle Kosten, die im Zusammenhang mit der Pflege entstehen ab. Die Leistungen der Pflegekassen in Deutschland sind auf gesetzliche festgelegte **Höchstbeträge** begrenzt und das unabhängig von den tatsächlichen Pflegekosten im Einzelfall. Die Beträge variiere je nach Leistung und Pflegegrad.

1. Pflegebedürftigkeit aufgrund besonderer Situation

Vereinzelt tritt Pflegebedürftigkeit aufgrund einer besonderen Situation ein, wie etwa infolge eines Berufsunfalls oder eines Impfschadens. Dann können **Spezialregelungen** greifen, die umfangreicher sind als die Leistungen der Pflegeversicherung und zum Teil die Kosten in voller Höhe übernehmen.

a) Siebtes Buch Sozialgesetzbuch (SGB VII) – Gesetzliche Unfallversicherung

Die gesetzliche Unfallversicherung ist ein Zweig der Sozialversicherung. Sie dient dazu, Arbeitnehmer und andere versicherten Personen vor den Folgen von Arbeitsunfällen oder Berufskrankheiten usw. zu schützen.[22]

---

22 vgl. § 1 SGB VII

Träger sind die Berufsgenossenschaften und Unfallkassen. Aufgaben der gesetzlichen Unfallversicherung sind Prävention, Rehabilitation und Entschädigung. Bedarf ein Betroffener z. B. aufgrund eines Arbeitsunfalls der Pflege, greifen die Regelungen des SGB VII.

b) Das neue soziale Entschädigungsrecht (SGB XIV) – Soziale Entschädigung

Im Sozialgesetzbuch Vierzehntes Buch (SGB XIV) – Soziale Entschädigung – wurde das soziale Entschädigungsrecht neu geregelt für Menschen, die in Deutschland, und unter gewissen engen Voraussetzungen im Ausland, Opfer einer Gewalttat geworden sind und dadurch eine gesundheitliche Schädigung erlitten haben. Das SGB XIV trat am 1. Januar 2024 vollständig in Kraft und ersetzt damit das bisherige Bundesversorgungsgesetz (BVG) sowie weitere Einzelgesetze.

Der Gesetzgeber berücksichtigt damit sowohl veränderte gesellschaftliche Entwicklungen als auch neue wissenschaftliche Erkenntnisse und die Entwicklungen im Recht der sozialen Sicherung.[23] Nicht zuletzt aufgrund der Eindrücke nach dem Terroranschlag vom 19.12.2016 auf dem Breitscheidplatz in Berlin, wurde das Ziel verfolgt, Opfern einer Gewalttat schneller und zielgerichteter Leistungen zu gewähren.[24]

Zum Kreis der Leistungsberechtigten gehören zum Beispiel insbesondere Opfer von Gewalttaten und Menschen, die durch Einwirkungen der beiden Weltkriege oder durch eine Schutzimpfung gesundheitlich geschädigt wurden. Die Betroffenen haben unter anderem Anspruch auf Krankenbehandlung nach sozialem Entschädigungsrecht. Führen anerkannte Schädigungsfolgen zur Pflegebedürftigkeit werden im Regelfall alle Kosten in notwendigem und angemessen Umfang übernommen.

---

23 Deutscher Bundestag, 19 Wahlperiode, Drucksache 19/13824
24 Deutscher Bundestag, 19 Wahlperiode, Drucksache 19/1382

2. Beihilferecht

Das Beihilferecht ist kein einheitliches Gesetz, sondern wird auf verschiedenen Ebenen geregelt. Die finanzielle Unterstützung von Beamten und deren Angehörigen unterliegt rechtlichen Besonderheiten. Es gilt das sogenannte **Alimentationsprinzip**.[25] Danach muss der Dienstherr seiner Fürsorgepflicht durch Gewährung von Beihilfen nachkommen. Das bedeutet, dass auch im Fall der Pflegebedürftigkeit, der Beihilfeberechtigte in angemessenem Umfang von den Kosten der Pflege freigestellt werden muss. Das befreit den Betroffen aber nicht von der Verpflichtung zur zumutbaren Eigenvorsorge und dem Abschluss einer privaten Pflegeversicherung.

Die exakte Berechnung der Kostenübernahme und der notwendigen Beteiligung des Betroffen ist komplex. Wichtig ist in diesem Zusammenhang nur, dass ein Beihilfeberechtigter im Regelfall nicht sozialhilfebedürftig wird.[26] Sollte es im Ausnahmefall doch der Fall sein, gelten die allgemeinen Regelungen des Sozialhilferechts.

> **Achtung:** Beihilfeberechtigte Personen sind nicht nur (pensionierte) Beamte sondern unter Umständen auch Ehegatten oder Kinder.

II. Pflege in vollstationärer Pflegeeinrichtung

Eine **vollstationäre Einrichtung** ist eine Pflegeeinrichtung, in der Pflegebedürftige rund um die Uhr und unter ständiger Verantwortung einer ausgebildeten Pflegefachkraft[27] betreut und gepflegt werden. Die Pflegebedürftigen wohnen dauerhaft dort. Eine vollstationäre Einrichtung in diesem Sinne, also ein Senioren- oder Pflegeheim, bietet Unter-

---

25 BVerfG, Beschl. v. 2.10.2007 – 2 BvR 1715/03
26 BVerwG, Urt. v. 24.1.2012 –2 C 24.10
27 vgl. § 71 SGB XI

stützung bei alltäglichen Dingen wie Körperpflege und Essen aber auch soziale Aktivitäten.

Eine stationäre Einrichtung ist aber auch dann noch gegeben, wenn die Pflegebedürftigen tagsüber oder nachts (teilstationär) untergebracht und verpflegt werden können.[28]

> **Achtung:** Es gilt der Grundsatz „**ambulant vor stationär**".[29] Das bedeutet vollstationäre Versorgung in einem Pflegeheim kommt zum Tragen, wenn eine häusliche oder teilstationäre Pflege nicht mehr ausreicht und eine umfassende Betreuung in einem Pflegeheim notwendig ist.

1. Kosten für eine vollstationäre Versorgung

Die Kosten für die Versorgung in einer vollstationären Pflegeeinrichtung setzen sich aus verschiedenen Komponenten zusammen, die im Pflegeversicherungsgesetz geregelt sind.[30] Die Bestandteile der Heimkosten lassen sich wie folgt aufschlüsseln:

a) Pflegesatz

Unter den Pflegesatz fallen Kosten, die bei pflegerischen Versorgung des Bewohners anfallen. Dazu gehören Grundpflege, z. B. Körperpflege, medizinische Behandlungspflege, wie etwa Medikamentengabe, und soziale Betreuung oder Aktivierungsangebote. Die Pflegekosten hängen vom **Pflegegrad** ab.

Die Pflegesätze müssen leistungsgerecht kalkuliert sein und sind entsprechend den fünf Pflegegraden zu differenzieren.[31] Vereinfacht: **je höher der Pflegegrad, desto höher die Kosten.**

---

28 vgl. § 71 Abs. 2 SGB XI
29 vgl. § 3 SGB XI Vorrang der häuslichen Pflege
30 U.a. § 87 a SGB XI
31 vgl. § 84 Abs. 2 SGB XI

b) Kosten für Unterkunft und Verpflegung

Diese umfassen die Kosten für den Wohnraum (Einzelzimmer oder Mehrbettzimmer) nebst Nebenkosten und Mahlzeiten. Man spricht diesbezüglich auch von den sogenannten „Hotelkosten".

c) Investitionskosten

Unter die Investitionskosten fallen Kosten für bauliche Maßnahmen, Instandhaltung und Renovierung der Einrichtung usw. Diese Kosten werden anteilig auf den einzelnen Bewohner umgelegt.

d) Ausbildungskosten

Mit dem Gesetz zur Reform der Pflegeberufe wurde 2020 die generalistische Pflegeausbildung installiert. Diese wird zumindest in Teilen von den Pflegebedürftigen mitfinanziert. Pflegeeinrichtungen sind verpflichtet sich an diesem Umlageverfahren zu beteiligen und die Beträge weiterzuleiten.

Kosten und Berechnung der monatlichen Heimkosten an einem konkreten Beispiel eines Bewohners mit Pflegegrad (PG) 5:

	Tagessatz	Tage pro Monat Duchschnitt	Monatliche Kosten
Unterkunft	15,00	30,42	456,30
Verpflegung	14,00	30,42	425,88
Investitionskosten	22,00	30,42	669,24
Pflegekosten PG 5	95,00	30,42	2.889,90
Ausbildungsumlage	4,00	30,42	121,68
Gesamtkosten			4.563,00

In diesem Beispiel belaufen sich die täglichen Kosten bei Pflegegrad 5 auf 95 Euro. Multipliziert mit 30,42 durchschnittlichen Tagen pro Monat ergibt sich ein monatlicher Betrag von 2.889,90 Euro.

II. – Pflege in vollstationärer Pflegeeinrichtung

> **Achtung:** Es wird immer anhand der durchschnittlichen Tage pro Monate gerechnet.

e) Kann die Pflegeeinrichtung die Entgelte frei bestimmen?

Nein, die Pflegeeinrichtungen sind in der Preisgestaltung nicht frei. Art, Höhe und Laufzeit der Pflegesätze werden zwischen dem Leistungsträger, in der Regel den Pflegekassen, und dem Träger des Heims verhandelt.[32] Der Träger der Pflegeeinrichtung muss umfassende Kalkulationen vorlegen, warum diese Beträge sachlich gerechtfertigt sind. Dies gilt auch für die Kosten der Unterkunft und Verpflegung.[33]

2. Leistungen der gesetzlichen Pflegeversicherung für Pflegebedürftige in vollstationären Einrichtungen

§ 43 SGB XI (Sozialgesetzbuch (SGB) – Elftes Buch: Soziale Pflegeversicherung) regelt die Leistungen der Pflegeversicherung für die vollstationäre Versorgung in einem Pflege- oder Seniorenheim.

§ 43 Inhalt der Leistung
(1) Pflegebedürftige der Pflegegrade 2 bis 5 haben Anspruch auf Pflege in vollstationären Einrichtungen.
(2) Für Pflegebedürftige in vollstationären Einrichtungen übernimmt die Pflegekasse im Rahmen der pauschalen Leistungsbeträge nach Satz 2 die pflegebedingten Aufwendungen einschließlich der Aufwendungen für Betreuung und die Aufwendungen für Leistungen der medizinischen Behandlungspflege. Der Anspruch beträgt je Kalendermonat
1. 770 Euro für Pflegebedürftige des Pflegegrades 2,
2. 1.262 Euro für Pflegebedürftige des Pflegegrades 3,
3. 1.775 Euro für Pflegebedürftige des Pflegegrades 4,

---

32 vgl. § 85 SGB XI
33 vgl. § 87 SGB XI

D. – Inhalt der Leistungen der Pflegeversicherung

4. 2.005 Euro für Pflegebedürftige des Pflegegrades 5.

Abweichend von Satz 1 übernimmt die Pflegekasse auch Aufwendungen für Unterkunft und Verpflegung, soweit der nach Satz 2 gewährte Leistungsbetrag die in Satz 1 genannten Aufwendungen übersteigt.

(3) Wählen Pflegebedürftige des Pflegegrades 1 vollstationäre Pflege, erhalten sie für die in Absatz 2 Satz 1 genannten Aufwendungen einen Zuschuss in Höhe von 125 Euro monatlich.

(4) Bei vorübergehender Abwesenheit von Pflegebedürftigen aus dem Pflegeheim werden die Leistungen für vollstationäre Pflege erbracht, solange die Voraussetzungen des § 87a Abs. 1 Satz 5 und 6 vorliegen.

Anspruch auf Leistungen haben grundsätzlich Pflegebedürftige mit mindestens Pflegegrad 2, die nicht mehr im häuslichen Umfeld versorgt werden können. § 43 Abs. 2 SGB XI regelt die Beträge die für die Versorgung entstehen und die durch die Pflegeversicherung getragen werden.

Das **Pflegeunterstützungs- und -entlastungsgesetz** (PUEG) hat zu einer Anpassung aller Leistungen der Pflegeversicherung zum 1. Januar 2025 geführt.

Zum 1.1.2025 stiegen die Leistungsbeträge der sozialen Pflegeversicherung um 4,5 %.

Die monatlichen Leistungen für die vollstationäre Versorgung staffeln sich nach den Pflegegraden (Stand 1.1.2025):

Pflegegrad 1
Pflegebedürftige des Pflegegrades 1 erhalten 131 Euro

Pflegegrad 2
Pflegebedürftige des Pflegegrades 2 erhalten 805 Euro

Pflegegrad 3
Pflegebedürftige des Pflegegrades 3 erhalten 1. 319 Euro

Pflegegrad 4
Pflegebedürftige des Pflegegrades 4 erhalten 1.855 Euro

II. – Pflege in vollstationärer Pflegeeinrichtung

Pflegegrad 5
Pflegebedürftige des Pflegegrades 5 erhalten 2.096 Euro[34]

Achtung: Die Leistungen der Pflegeversicherung beziehen sich **nur auf die Pflegekosten.** Kosten der Unterkunft und Verpflegung werden nicht erfasst. Das Heim rechnet im Hinblick auf die Leistungen aus der gesetzlichen Pflegeversicherung direkt mit der Pflegeversicherung ab.

Bekommt ein Pflegebedürftiger mit Pflegegrad 1 keine Unterstützung für die Versorgung in einem Heim?
Hier gibt § 43 Abs 3 SGB XI den Betrag vor. Die Pflegebedürftigen mit Pflegegrad 1 erhalten lediglich einen Zuschuss in Höhe von 131 Euro monatlich.

3. Eigenanteil

Der Eigenanteil in einem Heim ist der Betrag, den die Pflegebedürftigen selbst bezahlen müssen. Er entsteht, weil die Leistungen der gesetzlichen Pflegeversicherung auf Höchstbeträge begrenzt sind.
Berechnung des Eigenanteils am konkreten Beispiel:

	Tagessatz	Tage pro Monat Duchschnitt	Monatliche Kosten
Unterkunft	15,00 Euro	30,42 Euro	456,30 Euro
Verpflegung	14,00 Euro	30,42 Euro	425,88 Euro
Investitionskosten	22,00 Euro	30,42 Euro	669,24 Euro
Pflegekosten PG 5	95,00 Euro	30,42 Euro	2.889,90 Euro

---

34 SGB XI nennt weiterhin die bis 2022 geltenden Leistungsbeträge. Die aktuellen Beträge ergeben sich aus den Erhöhungen nach Art. 1 Nr. 22 Buchst. b des Pflegeunterstützungs- und -entlastungsgesetzes (PUEG) vom 19.6.2023 (BGBl. I Nr. 140, S. 140). Zum 1.1.2025 wurden die Leistungen gemäß § 43 Abs. 3 SGB XI dynamisch um weitere 4,5 % angehoben. Die im Gesetz abgedruckten Beträge sind daher nicht mehr aktuell, sondern rechnerisch zu erhöhen.

D. – Inhalt der Leistungen der Pflegeversicherung

	Tagessatz	Tage pro Monat Duchschnitt	Monatliche Kosten
Ausbildungsumlage	4,00 e	30,42 Euro	121,68 Euro
Gesamtkosten			4.563,00 Euro
Abzgl. Leistung gem. § 43 SGB XI			-2096 Euro
Eigenanteil monatlich			2.467,00 Euro

4. Leistungszuschlag – § 43c SGB XI

Im Rahmen des sogenannten Gesundheitsversorgungs- und Pflegeverbesserungsgesetz (GPVG) wurden mit Wirkung zum 1. Januar 2022 gestaffelte Leistungszuschläge eingeführt, welche den Pflegebedürftigen in den Pflegeheimen zusätzlich finanzielle Entlastung bringen sollten. Zum 1. Januar 2024 wurden die Zuschläge erhöht.

Der Eigenanteil, der für die Kosten einer Heimversorgung geleistet werden muss, reduziert sich je nach Dauer der Versorgung um einen Leistungszuschlag. Dieser wird zusätzlich zu den oben dargestellt Beträgen von der Pflegeversicherung geleistet.

In Abhängigkeit von der Dauer der vollstationären Unterbringung wird also ein Zuschuss zum Eigenanteil an den pflegebedingten Aufwendungen einschließlich der Ausbildungsumlage gezahlt.

> **Achtung:** Nicht erfasst sind auch hier die Kosten der Unterkunft, Verpflegung oder die Investitionskosten.

Der Leistungszuschlag für Pflegebedürftige mit Pflegegrad 2 bis 5 staffelt sich wie folgt (gültig ab 1.1.2024):

Abzug vom Eigenanteil (nur der Anteil, der auf Pflegesatz und Ausbildungsumlage entfällt)

- von bis zu 12 Monaten: 15 %
- von mehr als 12 Monaten: 30 %

- von mehr als 24 Monaten: 50 %
- von mehr als 36 Monaten: 75 %

Geregelt ist dies in § 43c SGB XI:

§ 43c Begrenzung des Eigenanteils an den pflegebedingten Aufwendungen

Pflegebedürftige der Pflegegrade 2 bis 5, die bis einschließlich zwölf Monate Leistungen nach § 43 beziehen, erhalten einen Leistungszuschlag in Höhe von 15 Prozent ihres zu zahlenden Eigenanteils an den pflegebedingten Aufwendungen.

Pflegebedürftige der Pflegegrade 2 bis 5, die seit mehr als zwölf Monaten Leistungen nach § 43 beziehen, erhalten einen Leistungszuschlag in Höhe von 30 Prozent ihres zu zahlenden Eigenanteils an den pflegebedingten Aufwendungen. Pflegebedürftige der Pflegegrade 2 bis 5, die seit mehr als 24 Monaten Leistungen nach § 43 beziehen, erhalten einen Leistungszuschlag in Höhe von 50 Prozent ihres zu zahlenden Eigenanteils an den pflegebedingten Aufwendungen. Pflegebedürftige der Pflegegrade 2 bis 5, die seit mehr als 36 Monaten Leistungen nach § 43 beziehen, erhalten einen Leistungszuschlag in Höhe von 75 Prozent ihres zu zahlenden Eigenanteils an den pflegebedingten Aufwendungen. Bei der Bemessung der Monate, in denen Pflegebedürftige Leistungen nach § 43 beziehen, werden Monate, in denen nur für einen Teilzeitraum Leistungen nach § 43 bezogen worden sind, berücksichtigt. Die Pflegeeinrichtung, die den Pflegebedürftigen versorgt, stellt der Pflegekasse des Pflegebedürftigen neben dem Leistungsbetrag den Leistungszuschlag in Rechnung und dem Pflegebedürftigen den verbleibenden Eigenanteil. Die Pflegekasse übermittelt für jeden Pflegebedürftigen beim Einzug in die Pflegeeinrichtung sowie zum 1. Januar 2022 für alle vollstationär versorgten Pflegebedürftigen die bisherige Dauer des Bezugs von Leistungen nach § 43.

Berechnung des Leistungszuschlags am Beispiel

Pflegekosten	**2889,90**
Ausbildungsumlage	121,68
Abzüglich Leistungen gem. § 43 SGB XI	–2096
Grundlage für die Berechnung des Leistungszuschlags	914,68

Leistungszuschlag in % und Euro	Eigenanteil wird ergänzt um
15 % von 914,68 Euro	137,20 Euro
30 %	271,04 Euro
50 %	457,34 Euro
75 %	686,01 Euro

Hinweis: Seit Einführung der Zuschläge der ist der Eigenanteil durch die zahlreichen Teuerungen faktisch gestiegen. Seit September 2022 gilt z. B. eine Tarifbindung für Pflege-und Betreuungskräfte in einer Pflegeeinrichtung. Zudem hat die Inflation mit gestiegen Energiekosten und Kosten für Lebensmittel die Heimentgelte steigen lassen. Die Zuschläge konnten die Teuerungen für die Pflegebedürftigen zwar abbremsen, eine merkliche Entlastung darüber hinaus konnte jedoch nicht erzielt werden. Diese Entwicklung kann auch für die Zukunft befürchtet werden.

III. Teilstationäre Pflege

Im Rahmen einer teilstationäre Pflege werden die Pflegebedürftigen nur während gewisser Tageszeiten in einer Pflegeeinrichtung betreut, z. B. nur tagsüber oder nachts, während sie den restlichen Tag zu Hause verbringen. Darüber hinaus zählt auch vorübergehende Pflege.

III. – Teilstationäre Pflege

1. Tages- und Nachtpflege

Diese sind geregelt in § 41 SGB XI. Bei der **Tagespflege** wird der Pflegebedürftige tagsüber in einer Einrichtung der Tagespflege versorgt und kehrt abends in sein eigenes häusliches Umfeld zurück. Bei der **Nachtpflege** verbringt der Betroffene die Nächte in einer Pflegeeinrichtung, während er die Tage bei sich im eigenen Umfeld verbringt.

Diese Form der Pflege kann eine enorme Entlastung für pflegende Angehörige bedeuten. So wird die Pflege zum Teil in einer Einrichtung erbracht, während die Angehörigen z. B. ihrer Berufstätigkeit nachgehen oder Erholungszeiten nehmen. Zudem dient die Versorgung in teilstationären Einrichtungen auch der sozialen Integration und der Aktivierung der Pflegebedürftigen.

Die Kosten für den Transport der Pflegebedürftigen können ebenfalls von der Pflegekasse übernommen werden, wenn dies erforderlich ist.

Achtung: Tages-und Nachtpflege können zusätzlich zu ambulanten Pflegeleistungen wie Pflegesachleistung oder Pflegegeld in Anspruch genommen werden, und zwar ohne Anrechnung.

§ 41 Tagespflege und Nachtpflege

(1) Pflegebedürftige der Pflegegrade 2 bis 5 haben Anspruch auf teilstationäre Pflege in Einrichtungen der Tages- oder Nachtpflege, wenn häusliche Pflege nicht in ausreichendem Umfang sichergestellt werden kann oder wenn dies zur Ergänzung oder Stärkung der häuslichen Pflege erforderlich ist. Die teilstationäre Pflege umfaßt auch die notwendige Beförderung des Pflegebedürftigen von der Wohnung zur Einrichtung der Tagespflege oder der Nachtpflege und zurück.

(2) Die Pflegekasse übernimmt im Rahmen der Leistungsbeträge nach Satz 2 die pflegebedingten Aufwendungen der teilstationären Pflege einschließlich der Aufwendungen für Betreuung und die Aufwendungen für die in der Einrichtung notwendigen Leistungen der medizinischen Behandlungspflege. Der Anspruch auf teilstationäre Pflege umfasst je Kalendermonat

1. für Pflegebedürftige des Pflegegrades 2 einen Gesamtwert bis zu 689 Euro,
2. für Pflegebedürftige des Pflegegrades 3 einen Gesamtwert bis zu 1 298 Euro,
3. für Pflegebedürftige des Pflegegrades 4 einen Gesamtwert bis zu 1 612 Euro,
4. für Pflegebedürftige des Pflegegrades 5 einen Gesamtwert bis zu 1 995 Euro.

(3) Pflegebedürftige der Pflegegrade 2 bis 5 können teilstationäre Tages- und Nachtpflege zusätzlich zu ambulanten Pflegesachleistungen, Pflegegeld oder der Kombinationsleistung nach § 38 in Anspruch nehmen, ohne dass eine Anrechnung auf diese Ansprüche erfolgt.

(4) bis (7) (weggefallen)

2. Kurzzeitpflege

Die Kurzzeitpflege ist eine Leistung der Pflegeversicherung für Pflegebedürftige, die nur vorübergehend eine stationäre Pflege benötigen, weil eine häusliche oder teilstationäre Pflege zeitweise nicht ausreichend ist oder nicht zur Verfügung steht. Der Anspruch auf Kurzzeitpflege besteht für Pflegebedürftige mit Pflegegrad 2 bis 5.

Die Voraussetzungen regelt § 42 SGB XI:

§ 42 Kurzzeitpflege

(1) Kann die häusliche Pflege zeitweise nicht, noch nicht oder nicht im erforderlichen Umfang erbracht werden und reicht auch teilstationäre Pflege nicht aus, besteht für Pflegebedürftige der Pflegegrade 2 bis 5 Anspruch auf Pflege in einer vollstationären Einrichtung. Dies gilt:

1. für eine Übergangszeit im Anschluß an eine stationäre Behandlung des Pflegebedürftigen oder
2. in sonstigen Krisensituationen oder anderen Situationen, in denen vorübergehend häusliche oder teilstationäre Pflege nicht möglich oder nicht ausreichend ist.

III. – Teilstationäre Pflege

(2) Der Anspruch auf Kurzzeitpflege ist auf acht Wochen pro Kalenderjahr beschränkt. Die Pflegekasse übernimmt die pflegebedingten Aufwendungen einschließlich der Aufwendungen für Betreuung sowie die Aufwendungen für Leistungen der medizinischen Behandlungspflege bis zu dem Gesamtbetrag von 1 774 Euro im Kalenderjahr. Der Leistungsbetrag nach Satz 2 kann um bis zu 1 612 Euro aus noch nicht in Anspruch genommenen Mitteln der Verhinderungspflege nach § 39 Absatz 1 Satz 3 auf insgesamt bis zu 3 386 Euro im Kalenderjahr erhöht werden. Der für die Kurzzeitpflege in Anspruch genommene Erhöhungsbetrag wird auf den Leistungsbetrag für eine Verhinderungspflege nach § 39 Absatz 1 Satz 3 angerechnet. Auf den in Satz 3 genannten Erhöhungsbetrag von bis zu 1 612 Euro findet § 30 Absatz 1 und 2 entsprechende Anwendung.

(3) Abweichend von den Absätzen 1 und 2 besteht der Anspruch auf Kurzzeitpflege in begründeten Einzelfällen bei zu Hause gepflegten Pflegebedürftigen auch in geeigneten Einrichtungen der Hilfe für behinderte Menschen und anderen geeigneten Einrichtungen, wenn die Pflege in einer von den Pflegekassen zur Kurzzeitpflege zugelassenen Pflegeeinrichtung nicht möglich ist oder nicht zumutbar erscheint. § 34 Abs. 2 Satz 1 findet keine Anwendung. Sind in dem Entgelt für die Einrichtung Kosten für Unterkunft und Verpflegung sowie Aufwendungen für Investitionen enthalten, ohne gesondert ausgewiesen zu sein, so sind 60 vom Hundert des Entgelts zuschussfähig. In begründeten Einzelfällen kann die Pflegekasse in Ansehung der Kosten für Unterkunft und Verpflegung sowie der Aufwendungen für Investitionen davon abweichende pauschale Abschläge vornehmen.

Die maximale Dauer ist auf **acht Wochen Kurzzeitpflege jährlich** festgelegt. Die Pflegekasse übernimmt dabei die Kosten von bis zu 1.774 Euro pro Jahr. Wenn der Anspruch auf Verhinderungspflege nicht genutzt wird, kann dieser auch für die Kurzzeitpflege herangezogen werden, sodass sich der Betrag auf insgesamt bis zu 3.386 Euro erhöht.

> **Achtung:** Die Pflegeversicherung übernimmt auch hier nicht alle anfallenden Kosten. Die Kosten für Unterkunft, Verpflegung und die Investitionskosten in der Pflegeeinrichtung müssen von der pflegebedürftigen Person selbst getragen werden.

3. Verhinderungspflege

Die Verhinderungspflege ist eine Leistung der Pflegeversicherung, die die Pflege sichern soll, wenn die private Pflegeperson vorübergehend ausfällt oder eine Pause braucht.

Ein Anspruch auf Verhinderungspflege besteht jedoch erst, nachdem die Pflegeperson die pflegebedürftige Person mindestens sechs Monate in der häuslichen Umgebung gepflegt hat.[35]

Der Anspruch auf Verhinderungspflege besteht für Pflegebedürftige mit Pflegegrad 2 bis 5.

Die Voraussetzungen regelt § 39 SGB XI:

§ 39 Häusliche Pflege bei Verhinderung der Pflegeperson

(1) Ist eine Pflegeperson wegen Erholungsurlaubs, Krankheit oder aus anderen Gründen an der Pflege gehindert, übernimmt die Pflegekasse die nachgewiesenen Kosten einer notwendigen Ersatzpflege für längstens sechs Wochen je Kalenderjahr; § 34 Absatz 2 Satz 1 gilt nicht. Voraussetzung ist, dass die Pflegeperson den Pflegebedürftigen vor der erstmaligen Verhinderung mindestens sechs Monate in seiner häuslichen Umgebung gepflegt hat und der Pflegebedürftige zum Zeitpunkt der Verhinderung mindestens in Pflegegrad 2 eingestuft ist. Die Aufwendungen der Pflegekasse können sich im Kalenderjahr auf bis zu 1 612 Euro belaufen, wenn die Ersatzpflege durch andere Pflegepersonen sichergestellt wird als solche, die mit dem Pflegebedürftigen bis zum zweiten Grade verwandt oder verschwägert sind oder die mit ihm in häuslicher Gemeinschaft leben.

---

35   vgl. § 39 Abs. 1 SGB XI

III. - Teilstationäre Pflege

(2) Der Leistungsbetrag nach Absatz 1 Satz 3 kann um bis zu 806 Euro aus noch nicht in Anspruch genommenen Mitteln der Kurzzeitpflege nach § 42 Absatz 2 Satz 2 auf insgesamt bis zu 2 418 Euro im Kalenderjahr erhöht werden. Der für die Verhinderungspflege in Anspruch genommene Erhöhungsbetrag wird auf den Leistungsbetrag für eine Kurzzeitpflege nach § 42 Absatz 2 Satz 2 angerechnet. Auf den in Satz 1 genannten Erhöhungsbetrag von bis zu 806 Euro findet § 30 Absatz 1 und 2 entsprechende Anwendung.

(3) Bei einer Ersatzpflege durch Pflegepersonen, die mit dem Pflegebedürftigen bis zum zweiten Grade verwandt oder verschwägert sind oder mit ihm in häuslicher Gemeinschaft leben, dürfen die Aufwendungen der Pflegekasse regelmäßig den Betrag des Pflegegeldes nach § 37 Absatz 1 Satz 3 für bis zu sechs Wochen nicht überschreiten. Wird die Ersatzpflege von den in Satz 1 genannten Personen erwerbsmäßig ausgeübt, können sich die Aufwendungen der Pflegekasse abweichend von Satz 1 auf den Leistungsbetrag nach Absatz 1 Satz 3 belaufen; Absatz 2 findet Anwendung. Bei Bezug der Leistung in Höhe des Pflegegeldes für eine Ersatzpflege durch Pflegepersonen, die mit dem Pflegebedürftigen bis zum zweiten Grade verwandt oder verschwägert sind oder mit ihm in häuslicher Gemeinschaft leben, können von der Pflegekasse auf Nachweis notwendige Aufwendungen, die der Pflegeperson im Zusammenhang mit der Ersatzpflege entstanden sind, übernommen werden. Die Aufwendungen der Pflegekasse nach den Sätzen 1 und 3 dürfen zusammen den Leistungsbetrag nach Absatz 1 Satz 3 nicht übersteigen; Absatz 2 findet Anwendung.

(4) Ist eine Pflegeperson wegen Erholungsurlaubs, Krankheit oder aus anderen Gründen an der Pflege gehindert, die einen Pflegebedürftigen der Pflegegrade 4 oder 5 pflegt, der das 5. Lebensjahr noch nicht vollendet hat, übernimmt die Pflegekasse abweichend von Absatz Satz 1 die nachgewiesenen Kosten einer notwendigen Ersatzpflege für längstens acht Wochen je Kalenderjahr. Abweichend von Absatz 1 Satz 2 ist es dabei nicht erforderlich, dass die Pflegeperson den Pflegebedürftigen vor der erstmaligen Verhinderung mindestens sechs Monate in seiner häuslichen Umgebung gepflegt hat. In dem in

Satz 1 genannten Fall der Verhinderung gilt Absatz 3 Satz 1 mit der Maßgabe, dass die Aufwendungen der Pflegekasse regelmäßig den Betrag des Pflegegeldes nach § 37 Absatz 1 Satz 3 für bis zu zwei Monate nicht überschreiten dürfen. In dem in Satz 1 genannten Fall der Verhinderung kann der Leistungsbetrag nach Absatz 1 Satz 3 abweichend von Absatz 2 sowie Absatz 3 Satz 2 und 4 in Verbindung mit Absatz 2 im Kalenderjahr um bis zu 100 Prozent der Mittel für eine Kurzzeitpflege nach § 42 Absatz 2 Satz 2 erhöht werden, soweit die Mittel der Kurzzeitpflege in dem Kalenderjahr noch nicht in Anspruch genommen worden sind. Der für die Verhinderungspflege in Anspruch genommene Erhöhungsbetrag wird auf den Leistungsbetrag für eine Kurzzeitpflege nach § 42 Absatz 2 Satz 2 angerechnet. (5) In dem in Absatz 4 Satz 1 genannten Fall der Verhinderung wird abweichend von § 37 Absatz 2 Satz 2 die Hälfte eines bisher bezogenen Pflegegeldes für bis zu acht Wochen im Kalenderjahr fortgewährt sowie abweichend von § 38 Satz 4 die Hälfte eines vor Beginn der Verhinderungspflege bezogenen anteiligen Pflegegeldes für bis zu acht Wochen im Kalenderjahr fortgewährt.

Die **maximale** Dauer ist auf **sechs Wochen** beschränkt.

Stellen Personen, die nicht mit der pflegebedürftigen Person bis zum zweiten Grad verwandt oder verschwägert sind und nicht mit der pflegebedürftigen Person in häuslicher Gemeinschaft leben, die Verhinderungspflege sicher, beläuft sich die Leistung auf bis zu **1.612 Euro** je Kalenderjahr.

Bei einer **Ersatzpflege** durch Personen, die mit dem Pflegebedürftigen bis zum zweiten Grad verwandt oder verschwägert sind oder mit ihm in häuslicher Gemeinschaft leben, dürfen die Aufwendungen der Pflegekasse den 1,5-fachen Betrag des Pflegegeldes nicht überschreiten. Zusätzlich können bis zu 50 % der Kurzzeitpflegeleistungen für die Kurzzeitpflege genutzt werden. Damit steht ein Gesamtbetrag von insgesamt **2.418** Euro zur Verfügung.

4. Pflegeunterstützungs- und Entlastungsgesetz (PUEG)

Durch das Pflegeunterstützungs- und Entlastungsgesetz wurde zum Juli 2025 ein gemeinsamer Jahresbetrag für die Verhinderungs- und Kurzzeitpflege eingeführt (§ 42a SGB XI). Damit steht den Betroffenen ein kalenderjährlicher Gesamtleistungsbetrag zur Verfügung. Die Höhe des gemeinsamen Jahresbetrags wird sich auf bis zu **3.539 Euro** belaufen.[36]

IV. Pflege im ambulanten Bereich

Die Pflegeversicherung bietet eine Vielzahl von Leistungen im ambulanten Bereich an. Durch diese soll es ermöglicht werden, dass Pflegebedürftige so lange wie möglich in ihrer gewohnten Umgebung verbleiben können. Diesen Wunsch hegen viele Pflegebedürftige. Zur Erinnerung: über 80 % der Pflegebedürftigen werden derzeit im häuslichen Umfeld gepflegt. Zudem sieht die gesetzliche Pflegeversicherung den Vorrang der häuslichen Pflege vor der stationären Versorgung vor:

> **§ 3 SGB XI: Vorrang der häuslichen Pflege**
> Die Pflegeversicherung soll mit ihren Leistungen vorrangig die häusliche Pflege und die Pflegebereitschaft der Angehörigen und Nachbarn unterstützen, damit die Pflegebedürftigen möglichst lange in ihrer häuslichen Umgebung bleiben können. Leistungen der teilstationären Pflege und der Kurzzeitpflege gehen den Leistungen der vollstationären Pflege vor.

Die Beträge für die verschiedenen Leistungen sind auch im ambulanten Bereich auf die im Gesetz genannten **Höchstbeträge** begrenzt. Reichen die Leistungen nicht aus, um den Bedarf der Pflege zu decken, müssen

---

[36] Vgl. Artikel 2a Pflegeunterstützungs- und -entlastungsgesetz (PUEG) vom 19. Juni 2023 (BGBl. 2023 I Nr. 155)

die darüberhinaus entstehenden Kosten selbst getragen werden (Stichwort Teilkaskoversicherung).

Insofern stellt sich nun die Frage, welche Leistungen erhält ein Pflegebedürftiger im ambulanten Bereich?

1. Entlastungsbetrag

Der Betrag dient der Entlastung pflegender Angehöriger und der Förderung der Selbstständigkeit und Selbstbestimmtheit des Pflegebedürftigen. Er wird nicht ausbezahlt, sondern wird erstattet, wenn zugelassene Angebote in Anspruch genommen werden. Der Entlastungsbetrag kann nur für Angebote Verwendung finden, die nach Maßgabe des jeweiligen Landesrechts anerkannt wurden.

Er kann grundsätzlich eingesetzt werden für Alltagsbegleitung, wie Unterstützung bei Einkaufen usw., hauswirtschaftliche Betreuung oder Betreuungsleistungen wie Spaziergänge.

Achtung: Bei der Suche nach passenden Anbietern helfen die Pflegekasse oder Pflegestützpunkte.

§ 45b SGB XI regelt den Entlastungsbetrag. Dieser Anspruch besteht für alle pflegebedürftigen Personen ab PG 1 in Höhe von **131** Euro monatlich und ist zweckgebunden. Der Betrag ist identisch für alle Pflegegrade.[37]

Wird der monatliche Entlastungsbetrag in einem Kalendermonat nicht (vollständig) ausgeschöpft, wird der Restbetrag angespart.

2. Pflegegeld

Pflegegeld ist eine Leistung der Pflegeversicherung, die pflegebedürftige Personen erhalten können, die zu Hause durch Angehörige, Freunde

---

37 Die konkrete Umsetzung – insbesondere, welche Anbieter und Leistungen anerkannt sind – erfolgt landesrechtlich.

oder andere nicht-professionelle Pflegepersonen versorgt werden. Die Pflege organisieren die Pflegebedürftigen selbst. Das Pflegegeld wird grundsätzlich an den Pflegebedürftigen überwiesen und dieser kann damit Aufwände der pflegenden Person(en) finanziell würdigen oder für deren Unterstützung verwenden, um so die Pflege sicherstellen zu können.

Achtung: Die Pflegeperson hat keinen rechtlichen Anspruch auf Auszahlung. Das Pflegegeld steht der pflegebedürftigen Person zu. Diese kann es ganz oder teilweise an die Pflegeperson(en) weiterleiten.

Die Voraussetzungen für die Gewährung von Pflegegeld regelt § 37 SGB XI. Die Höhe des Pflegegeldes ist gestaffelt und richtet sich nach dem Pflegegrad. Pflegegeld wird als monatliche Pauschale gezahlt (Stand 01/2025):

Pflegegrad 2
Pflegebedürftige des Pflegegrades 2 erhalten 347 Euro

Pflegegrad 3
Pflegebedürftige des Pflegegrades 3 erhalten 599 Euro

Pflegegrad 4
Pflegebedürftige des Pflegegrades 4 erhalten 800 Euro

Pflegegrad 5
Pflegebedürftige des Pflegegrades 5 erhalten 990 Euro

Achtung: Pflegebedürftige, die Pflegegeld beziehen, müssen regelmäßig eine Beratungsleistung nach § 27 Abs. 3 SGB XI in Anspruch nehmen. Bei Pflegegrad zwei und drei alle sechs Monate und Pflegegrad vier und fünf alle drei Monate. Dadurch soll die Qualität der häuslichen Pflege sichergestellt werden.

Während einer Verhinderungspflege wird das bisher bezogene (anteilige) Pflegegeld für bis zu acht Wochen, und bei einer Kurzzeitpflege für bis zu acht Wochen je Kalenderjahr in halber Höhe weitergezahlt.

3. Pflegesachleistung

Die Pflegesachleistung ist eine Leistung der Pflegeversicherung, die beantragt werden kann, wenn eine ambulanter Pflegedienst die (teilweise) Versorgung eines Pflegebedürftigen übernimmt. Die Leistungen werden durch einen zugelassenen Pflegedienst erbracht.

Die Pflegesachleistung umfasst z. B. die körperbezogene Pflege oder Hilfe bei hauswirtschaftlichen Tätigkeiten. Pflegebedürftige können die Gestaltung und Zusammenstellung des Leistungsarrangements in der häuslichen Pflege wählen.

Sie sind vor Vertragsschluss durch einen Kostenvoranschlag über die voraussichtlichen Kosten ihres Leistungsarrangements in der Regel schriftlich zu informieren. Leistungen werden direkt zwischen Pflegeversicherung und Pflegedienst abgerechnet. Die Höhe der monatlichen Sachleistung richtet sich auch hier nach dem Pflegegrad (Stand 1.1.2025):

Pflegegrad 2

Pflegebedürftige des Pflegegrades 2 erhalten Leistungen bis zu einem Gesamtwert von 796 Euro

Pflegegrad 3

Pflegebedürftige des Pflegegrades 3 erhalten Leistungen bis zu einem Gesamtwert von 1.497 Euro

Pflegegrad 4

Pflegebedürftige des Pflegegrades 4 erhalten Leistungen bis zu einem Gesamtwert von 1.859 Euro

Pflegegrad 5

Pflegebedürftige des Pflegegrades 5 erhalten Leistungen bis zu einem Gesamtwert von 2.299 Euro

> **Achtung:** Auch im Rahmen der Pflegesachleistung werden nicht alle Kosten gedeckt. Der Betroffene sollte sich in jedem Fall von seinem Pflegedienst einen Kostenvoranschlag für ein konkretes Leistungsangebot erstellen lassen.

4. Kombinationsleistung von Pflegegeld und Pflegesachleistung

Pflegebedürftige ab Pflegegrad 2 können Pflegegeld und Pflegesachleistungen miteinander kombinieren, wenn die Versorgung teilweise durch Angehörige oder Ehrenamtliche und teilweise durch einen ambulanten Pflegedienst erfolgt.

In diesem Fall wird die in Anspruch genommene Sachleistung prozentual auf das Budget angerechnet. Der nicht genutzte Anteil wird in Form eines entsprechenden Anteils am Pflegegeld ausgezahlt. Wird beispielsweise 50 % der maximal möglichen Pflegesachleistung ausgeschöpft, besteht Anspruch auf 50 % des vollen Pflegegeldes.

> **Achtung:** An die Entscheidung, in welchem Verhältnis der Pflegebedürftige Geld- und Sachleistung in Anspruch nehmen will, ist der Betreffende für die Dauer von sechs Monaten gebunden.

Die Voraussetzung für die Kombinationsleistung regelt § 38 SGB XI:

> **§ 38 Kombination von Geldleistung und Sachleistung (Kombinationsleistung)**
> Nimmt der Pflegebedürftige die ihm nach § 36 Absatz 3 zustehende Sachleistung nur teilweise in Anspruch, erhält er daneben ein anteiliges Pflegegeld im Sinne des § 37. Das Pflegegeld wird um den Vomhundertsatz vermindert, in dem der Pflegebedürftige Sachleistungen in Anspruch genommen hat. An die Entscheidung, in welchem Verhältnis er Geld- und Sachleistung in Anspruch nehmen will, ist der Pflegebedürftige für die Dauer von sechs Monaten gebunden. Anteiliges Pflegegeld wird während einer Kurzzeitpflege nach § 42 für bis zu acht Wochen und während einer Verhinderungspflege nach § 39 für bis zu sechs Wochen je Kalenderjahr in Höhe der Hälfte der vor Beginn der Kurzzeit- oder Verhinderungspflege geleisteten Höhe fortgewährt. Pflegebedürftige in vollstationären Einrichtungen der Hilfe für behinderte Menschen (§ 43a) haben Anspruch auf ungekürztes

Pflegegeld anteilig für die Tage, an denen sie sich in häuslicher Pflege befinden.

5. Pflegehilfsmittel und wohnumfeldverbessernde Maßnahmen

Pflegebedürftige haben gemäß § 40 SGB XI Anspruch auf Pflegehilfsmittel sowie auf Maßnahmen zur Verbesserung des individuellen Wohnumfelds, wenn diese die häusliche Pflege erleichtern, eine selbstständigere Lebensführung ermöglichen oder zur Linderung von Beschwerden beitragen.

a) Pflegehilfsmittel

Es wird unterschieden zwischen:

- Technischen Pflegehilfsmitteln (z. B. Pflegebetten, Rollstühle, Hausnotrufsysteme).
  Diese können in der Regel leihweise überlassen werden. Voraussetzung ist, dass sie zur Erleichterung der Pflege oder zur selbstständigeren Lebensführung beitragen. Eine ärztliche Verordnung ist meist erforderlich.
- Zum Verbrauch bestimmte Pflegehilfsmittel (z. B. Einmalhandschuhe, Betteinlagen, Mundschutz, Desinfektionsmittel).
  Diese werden bis zu einem monatlichen Pauschalbetrag von 42 € bezuschusst (Stand: 1.1.2025).
  Voraussetzung ist, dass sie für die Pflege erforderlich sind und nicht bereits Leistung der gesetzlichen Krankenversicherung darstellen. Die Beantragung erfolgt bei der Pflegekasse; eine ärztliche Verordnung ist nicht notwendig.

Erstattungsfähig sind ausschließlich Produkte, die regelmäßig nachgekauft werden müssen und dem unmittelbaren Pflegealltag dienen. Die Pflegehilfsmittel müssen erforderlich sein und dürfen keine Leistung der Krankenversicherung sein.

b) Wohnumfeldverbessernde Maßnahmen

Pflegebedürftige Menschen haben zudem einen Anspruch auf finanzielle Unterstützung für Maßnahmen, die das häusliche Umfeld an ihre Bedürfnisse anpasst, wie etwa den Umbau eines Badezimmers (z. B. Einbau einer ebenerdigen Dusche).

Einmalig können hier **bis zu 4.180** Euro (Stand 1.1.2025)[38] bewilligt werden. Die Maßnahme muss die häusliche Pflege ermöglich, erleichtern oder die selbstständige Lebensführung des Betroffenen verbessern.

Die Pflegekasse prüft die Angemessenheit und Notwendigkeit der Maßnahme im Einzelfall.

> **Achtung:** bei gemeinschaftlich genutzten Maßnahmen z. B. in einer Pflegewohngemeinschaft gilt:
> Wohnen mehrere Anspruchsberechtigte zusammen, kann der Zuschuss bis zu viermal **4.180 Euro** betragen. Bei mehr als vier anspruchsberechtigten Personen wird der Gesamtbetrag anteilig auf die pflegebedürftigen Bewohner aufgeteilt.

§ 40 Pflegehilfsmittel und wohnumfeldverbessernde Maßnahmen

(1) Pflegebedürftige haben Anspruch auf Versorgung mit Pflegehilfsmitteln, die zur Erleichterung der Pflege oder zur Linderung der Beschwerden des Pflegebedürftigen beitragen oder ihm eine selbständigere Lebensführung ermöglichen, soweit die Hilfsmittel nicht wegen Krankheit oder Behinderung von der Krankenversicherung oder anderen zuständigen Leistungsträgern zu leisten sind. Die Pflegekasse kann in geeigneten Fällen die Notwendigkeit der Versorgung mit den beantragten Pflegehilfsmitteln unter Beteiligung einer Pflegefachkraft

---

38 Seit dem 1. Januar 2025 wurde der maximale Zuschuss für wohnumfeldverbessernde Maßnahmen gemäß § 40 Abs. 4 SGB XI von zuvor 4.000 Euro auf 4.180 Euro erhöht. Die Anpassung erfolgte im Rahmen der Pflegereform zur Berücksichtigung der allgemeinen Preisentwicklung (Erhöhung um 4,5 %). Der Betrag kann je Maßnahme und anspruchsberechtigter pflegebedürftiger Person gewährt werden.

oder des Medizinischen Dienstes überprüfen lassen. Entscheiden sich Versicherte für eine Ausstattung des Pflegehilfsmittels, die über das Maß des Notwendigen hinausgeht, haben sie die Mehrkosten und die dadurch bedingten Folgekosten selbst zu tragen. § 33 Abs. 6 und 7 des Fünften Buches gilt entsprechend.

(2) Die Aufwendungen der Pflegekassen für zum Verbrauch bestimmte Pflegehilfsmittel dürfen monatlich den Betrag von 40 Euro nicht übersteigen; bis zum 31. Dezember 2021 gilt ein monatlicher Betrag in Höhe von 60 Euro. Die Leistung kann auch in Form einer Kostenerstattung erbracht werden.

(3) Die Pflegekassen sollen technische Pflegehilfsmittel in allen geeigneten Fällen vorrangig leihweise überlassen. Sie können die Bewilligung davon abhängig machen, daß die Pflegebedürftigen sich das Pflegehilfsmittel anpassen oder sich selbst oder die Pflegeperson in seinem Gebrauch ausbilden lassen. Der Anspruch umfaßt auch die notwendige Änderung, Instandsetzung und Ersatzbeschaffung von Pflegehilfsmitteln sowie die Ausbildung in ihrem Gebrauch. Versicherte, die das 18. Lebensjahr vollendet haben, haben zu den Kosten der Pflegehilfsmittel mit Ausnahme der Pflegehilfsmittel nach Absatz 2 eine Zuzahlung von zehn vom Hundert, höchstens jedoch 25 Euro je Pflegehilfsmittel an die abgebende Stelle zu leisten. Zur Vermeidung von Härten kann die Pflegekasse den Versicherten in entsprechender Anwendung des § 62 Abs. 1 Satz 1, 2 und 6 sowie Abs. 2 und 3 des Fünften Buches ganz oder teilweise von der Zuzahlung befreien. Versicherte, die die für sie geltende Belastungsgrenze nach § 62 des Fünften Buches erreicht haben oder unter Berücksichtigung der Zuzahlung nach Satz 4 erreichen, sind hinsichtlich des die Belastungsgrenze überschreitenden Betrags von der Zuzahlung nach diesem Buch befreit. Lehnen Versicherte die leihweise Überlassung eines Pflegehilfsmittels ohne zwingenden Grund ab, haben sie die Kosten des Pflegehilfsmittels in vollem Umfang selbst zu tragen.

(4) Die Pflegekassen können subsidiär finanzielle Zuschüsse für Maßnahmen zur Verbesserung des individuellen Wohnumfeldes des Pflegebedürftigen gewähren, beispielsweise für technische Hilfen im Haushalt, wenn dadurch im Einzelfall die häusliche Pflege ermöglicht

oder erheblich erleichtert oder eine möglichst selbständige Lebensführung des Pflegebedürftigen wiederhergestellt wird. Die Zuschüsse dürfen einen Betrag in Höhe von 4 000 Euro je Maßnahme nicht übersteigen. Leben mehrere Pflegebedürftige in einer gemeinsamen Wohnung, dürfen die Zuschüsse für Maßnahmen zur Verbesserung des gemeinsamen Wohnumfeldes einen Betrag in Höhe von 4 000 Euro je Pflegebedürftigem nicht übersteigen. Der Gesamtbetrag je Maßnahme nach Satz 3 ist auf 16 000 Euro begrenzt und wird bei mehr als vier Anspruchsberechtigten anteilig auf die Versicherungsträger der Anspruchsberechtigten aufgeteilt. § 40 Absatz 1 Satz 2 gilt entsprechend.

(5) (...)

(7) Die Pflegekasse hat über einen Antrag auf Pflegehilfsmittel oder Zuschüsse zu wohnumfeldverbessernden Maßnahmen zügig, spätestens bis zum Ablauf von drei Wochen nach Antragseingang oder in Fällen, in denen eine Pflegefachkraft oder der Medizinische Dienst nach Absatz 1 Satz 2 beteiligt wird, innerhalb von fünf Wochen nach Antragseingang zu entscheiden. Über einen Antrag auf ein Pflegehilfsmittel, das von einer Pflegefachkraft bei der Antragstellung nach Absatz 6 Satz 2 empfohlen wurde, hat die Pflegekasse zügig, spätestens bis zum Ablauf von drei Wochen nach Antragseingang, zu entscheiden. Kann die Pflegekasse die Fristen nach Satz 1 oder Satz 2 nicht einhalten, teilt sie dies den Antragstellern unter Darlegung der Gründe rechtzeitig schriftlich mit. Erfolgt keine Mitteilung eines hinreichenden Grundes, gilt die Leistung nach Ablauf der Frist als genehmigt.

6. Digitale Pflegeanwendungen

Digitale Pflegeanwendungen sind moderne Hilfsmittel, die speziell für Pflegebedürftige entwickelt wurden, um das Leben der Betroffenen zu erleichtern und die Pflege zu unterstützen. Meist sind es Apps oder Programme, die Hilfe bei alltäglichen Aufgaben oder der Förderung der Gesundheit ermöglichen.

Das Digitale-Versorgung- und Pflege-Modernisierungs-Gesetz (DVPMG) bietet Pflegebedürftigen, einen Leistungsanspruch auf Versorgung mit digitalen Pflegeanwendungen (DiPA) und ergänzenden Unterstützungsleistungen in Höhe von bis zu **insgesamt 53 Euro** (Stand 1.1.2025) monatlich.

> **§ 40a SGB XI: Digitale Pflegeanwendungen**
>
> (1) Pflegebedürftige haben Anspruch auf Versorgung mit Anwendungen, die wesentlich auf digitalen Technologien beruhen und von den Pflegebedürftigen oder in der Interaktion von Pflegebedürftigen mit Angehörigen, sonstigen ehrenamtlich Pflegenden oder zugelassenen ambulanten Pflegeeinrichtungen genutzt werden, um Beeinträchtigungen der Selbständigkeit oder der Fähigkeiten des Pflegebedürftigen zu mindern oder einer Verschlimmerung der Pflegebedürftigkeit entgegenzuwirken, soweit die Anwendung nicht wegen Krankheit oder Behinderung von der Krankenversicherung oder anderen zuständigen Leistungsträgern zu leisten ist (digitale Pflegeanwendungen).

7. Wohngruppenzuschlag – Leistung für ambulant betreute Wohngruppe

In einer ambulant betreuten Wohngemeinschaft (abWG) leben mehrere pflegebedürftige Menschen gemeinsam in einem Haus oder einer großen Wohnung. Jeder Bewohner hat ein eigenes Zimmer, die Gemeinschaftsräume wie Küche und Wohnzimmer teilen sich die Bewohner. In vielen betreuten Wohngemeinschaften haben die Bewohner ein eigenes Bad. In der Regel gibt es auch einen großen gemeinsamen Balkon oder Garten.

Zusätzlich stehen oft sogenannte Präsenzkräfte zur Verfügung, die im Alltag unterstützen, organisatorische Aufgaben übernehmen oder bei der Haushaltsführung helfen. Für Präsenzkräfte ist keine besondere berufliche Qualifikation erforderlich – sie müssen jedoch persönlich geeignet sein (§ 38a Abs. 1 Satz 4 SGB XI).

Zunächst darf nicht verwundern, dass es sich auch bei einer Versorgung in einer betreuten Wohngemeinschaft um ein ambulante Versorgungsart handelt. Rechtlich gesehen wohnt der Pflegebedürftige in der eigenen Häuslichkeit.

Achtung: Eine Wohngemeinschaft ist keine vollstationäre Wohnform.

Es können sich **mindesten drei, höchstens 12 pflegebedürftige** Personen zu einer Wohngemeinschaft zusammenschließen.

In einer ambulant betreuten Wohngemeinschaft stehen Häuslichkeit und der gemeinsame Alltag der Bewohner im Vordergrund. Ein wesentliches Kriterium stellt die Selbstbestimmtheit der Bewohner dar, die durch ein sog. Gremium der Selbstbestimmung gemeinsam Entscheidungen über das Zusammenleben, den gemeinsamen Haushalt und die Versorgung treffen.

Gremium der Selbstbestimmung (GdS)
Die Mieter einer ambulant betreuten Wohngemeinschaft bilden ein Gremium der Selbstbestimmung und entscheiden gemeinsam und eigenverantwortlich in allen sie betreffenden Angelegenheiten. Die Bewohner entscheiden selbst darüber welcher Pflegedienst oder Betreuungsdienst beauftragt wird und sie gestalten den Alltag selbst.
Rechtsform des GdS: Es gibt verschiedenen Möglichkeiten das GdS rechtlich zu gestalten. So kann z. B. eine Gesellschaft bürgerlichen Rechts (GbR) nach den §§ 705 ff BGB gegründet werden. Alternativ kann sich ein nicht eingetragener Verein gegründet werden. Es gibt bei der Wahl der Rechtsform etliche Punkte zu beachten, wie etwa Art und

> Umfang der Haftung. So haften zum Beispiel bei Ansprüchen aus vom GdS gemeinsam abgeschlossen Verträge bei einer GbR alle Mitglieder uneingeschränkt mit ihrem Privatvermögen nach außen.

Wie in einem Einzelhaushalt bestimmen hier die Bewohner eigenverantwortlich darüber, wie die Pflege organisiert, der Wohnraum und der Alltag gestaltet und wer als Mitbewohner in der Wohngemeinschaft aufgenommen wird. Es gibt eine strikte Trennung zwischen den einzelnen Verträgen (Mietvertrag, Betreuungs- und Pflegevertrag).

Die Bewohner können für die individuelle Pflege **Einzelverträge** mit den ambulanten Dienstleistungsanbietern abschließen, wie im Hinblick auf jedem anderen privaten Wohnraum auch. Das Gremium der Selbstbestimmung kann aber auch den oder die gewählten Dienstleistungsanbieter gemeinschaftlich mit der Organisation der Pflege beauftragen. Diese Form der Leistungszusammenlegung wird als **Poolen** bezeichnet und bringt aufgrund der hierdurch entstehenden Zeit- und Kosteneinsparungen Vorteile für die Pflegebedürftigen. Soweit das Gemeinschaftsleben bzw. Gemeinschaftsräumlichkeiten betroffen sind, empfiehlt sich darüber hinaus eine gemeinsame Organisation der Hauswirtschaft. Das Gremium der Selbstbestimmung wird im Regelfall den Umfang sowie die Art der Aufgaben klar festlegen. Das Leben in einer ambulant betreuten Wohngemeinschaft bietet Vorteile für die Pflegebedürftigen:

- Die Krankenkassen beteiligt sich als Kostenträger behandlungspflegerischer Maßnahmen.
- Die Pflegebedürftigen gestalten Personalauswahl, Pflegeabläufe und den gemeinsamen Alltag eigenverantwortlich.

Pflegebedürftige erhalten einen pauschalen monatlichen Zuschlag von **214 Euro** (Stand 1.1.2025), wenn sie eine ambulant betreute Wohngruppe bewohnen, welche die gesetzlichen Voraussetzungen erfüllt. Im Übrigen stehen die anderen Leistungen im ambulanten Bereich wie etwa Pflegegeld oder Pflegesachleistung zur Verfügung.

Geregelt sind die Voraussetzungen in § 38a SGB XI:

§ 38a Zusätzliche Leistungen für Pflegebedürftige in ambulant betreuten Wohngruppen

(1) Pflegebedürftige haben Anspruch auf einen pauschalen Zuschlag in Höhe von 214 Euro monatlich, wenn
1. sie mit mindestens zwei und höchstens elf weiteren Personen in einer ambulant betreuten Wohngruppe in einer gemeinsamen Wohnung zum Zweck der gemeinschaftlich organisierten pflegerischen Versorgung leben und davon mindestens zwei weitere Personen pflegebedürftig im Sinne der §§ 14, 15 sind, .
2. sie Leistungen nach den §§ 36, 37, 38, 45a oder § 45b beziehen,
3. eine Person durch die Mitglieder der Wohngruppe gemeinschaftlich beauftragt ist, unabhängig von der individuellen pflegerischen Versorgung allgemeine organisatorische, verwaltende, betreuende oder das Gemeinschaftsleben fördernde Tätigkeiten zu verrichten oder die Wohngruppenmitglieder bei der Haushaltsführung zu unterstützen, und
4. keine Versorgungsform einschließlich teilstationärer Pflege vorliegt, in der ein Anbieter der Wohngruppe oder ein Dritter den Pflegebedürftigen Leistungen anbietet oder gewährleistet, die dem im jeweiligen Rahmenvertrag nach § 75 Absatz 1 für vollstationäre Pflege vereinbarten Leistungsumfang weitgehend entsprechen; der Anbieter einer ambulant betreuten Wohngruppe hat die Pflegebedürftigen vor deren Einzug in die Wohngruppe in geeigneter Weise darauf hinzuweisen, dass dieser Leistungsumfang von ihm oder einem Dritten nicht erbracht wird, sondern die Versorgung in der Wohngruppe auch durch die aktive Einbindung ihrer eigenen Ressourcen und ihres sozialen Umfelds sichergestellt werden kann.

Leistungen der Tages- und Nachtpflege gemäß § 41 können neben den Leistungen nach dieser Vorschrift nur in Anspruch genommen werden, wenn gegenüber der zuständigen Pflegekasse durch eine Prüfung des Medizinischen Dienstes nachgewiesen ist, dass die Pflege in der ambulant betreuten Wohngruppe ohne teilstationäre Pflege nicht in ausreichendem Umfang sichergestellt ist; dies gilt entsprechend für die Versicherten der privaten Pflege-Pflichtversicherung.

(2) Die Pflegekassen sind berechtigt, zur Feststellung der Anspruchsvoraussetzungen bei dem Antragsteller folgende Daten zu verarbeiten und folgende Unterlagen anzufordern:
1. eine formlose Bestätigung des Antragstellers, dass die Voraussetzungen nach Absatz 1 Nummer 1 erfüllt sind,
2. die Adresse und das Gründungsdatum der Wohngruppe,
3. den Mietvertrag einschließlich eines Grundrisses der Wohnung und den Pflegevertrag nach § 120,
4. Vorname, Name, Anschrift und Telefonnummer sowie Unterschrift der Person nach Absatz 1 Nummer 3 und
5. die vereinbarten Aufgaben der Person nach Absatz 1 Nummer 3.

Fördermöglichkeiten:
Es gibt in den einzelnen Bundesländern zum Teil Fördermöglichkeiten im Zusammenhang mit dem Aufbau von ambulant betreuten Wohngemeinschaften. So fördert z. B. der Freistaat Bayern den Aufbau von ambulant betreuten Wohngemeinschaften.[39]

8. Servicewohnen

Servicewohnen (zum Teil auch betreutes Wohnen genannt) ist ein Wohnkonzept, das speziell auf die Bedürfnisse von älteren Menschen ausgerichtet ist. Es kombiniert selbstbestimmtes Wohnen mit individueller Unterstützung und Serviceleistungen, die je nach Anbieter variieren. Das Angebot reicht von hauswirtschaftlicher Hilfe, Einkaufsdiensten, Essen auf Rädern und vieles mehr. Die Wohnungen und Anlagen sind so gestaltet, dass sie den Bedürfnissen von älteren und pflegebedürftigen Menschen entsprechen. Barrierefreiheit ist Grundvoraussetzung. Ein wichtiger Bestandteil ist die Möglichkeit, bei Notfällen über ein Hausnotrufsystem rund um die Uhr Hilfe anzufordern.

---

39 Richtlinie zur Förderung neuer ambulant betreuter Wohngemeinschaften sowie zur Förderung von Vorhaben zur Verbesserung der Lebensqualität und der Rahmenbedingungen in der Pflege (Förderrichtlinie Pflege – WoLeRaF)

Ziel ist es, älteren Menschen ein unabhängiges Leben zu ermöglichen und trotzdem bei Bedarf auf Unterstützung zurückgreifen zu können. Die Kosten setzen sich aus der Miete sowie den individuell gebuchten Serviceleistungen zusammen.

Achtung: Es gibt keine speziellen Unterstützungsmöglichkeiten durch die Pflegekassen. Es bleiben die allgemeinen Ansprüche im ambulanten Bereich. Kosten der Unterkunft im Rahmen der Grundsicherung unterliegen grundsätzlich den Angemessenheitsgrenzen bei Wohnraum.

E. Finanzierung des Eigenanteils – Sozialhilfe nach dem SGB XII

Wir erinnern uns: die Pflegeversicherung ist keine Vollkaskoversicherung. Das bedeutet, es bleibt ein sogenannter Eigenanteil (siehe Kapitel D.II.3). Diesen müssen die Betroffenen aus eigenen Mittel selbst tragen. Der Eigenanteil kann erheblich variieren.

I. Grundlagen

Sozialhilfe nach dem relevanten Sozialgesetzbuch – Zwölftes Buch (SGB XII: Sozialhilfe) erhalten Betroffene, die ihren Bedarf nicht aus eigenen Mitteln decken können. Ziel der Sozialhilfe ist es, hilfebedürftigen Menschen die Führung eines Lebens zu ermöglichen, das der Würde des Menschen entspricht.

> **§ 1 SGB XII Aufgabe der Sozialhilfe**
> Aufgabe der Sozialhilfe ist es, den Leistungsberechtigten die Führung eines Lebens zu ermöglichen, das der Würde des Menschen entspricht. Die Leistung soll sie so weit wie möglich befähigen, unabhängig von ihr zu leben; darauf haben auch die Leistungsberechtigten nach ihren Kräften hinzuarbeiten. Zur Erreichung dieser Ziele haben die Leistungsberechtigten und die Träger der Sozialhilfe im Rahmen ihrer Rechte und Pflichten zusammenzuwirken

Als gesetzliche Grundlage der Sozialhilfe bietet das SGB XII eine Vielzahl von verschiedenen möglichen Leistungen, wie

- Hilfe zum Lebensunterhalt,
- Hilfe zur Pflege,

- Grundsicherung im Alter und bei Erwerbsminderung,
- Hilfe zur Gesundheit,
- Hilfe zur Überwindung besonderer sozialer Schwierigkeiten und
- Hilfe in anderen Lebenslagen.

Besonders von Bedeutung ist im Hinblick auf Pflegekosten die Hilfe zur Pflege gem. §§ 61 bis 66 SGB XII.

Die **Hilfe zur Pflege** nach dem SGB XII ist eine Sozialhilfeleistung, die Menschen mit Pflegebedarf erhalten, wenn sie die Kosten nicht aus eigenen Mitteln, also Einkommen, Vermögen oder privaten Pflegeversicherungsleistungen decken können. Hilfe zur Pflege stellt sicher, dass Menschen mit Pflegebedarf auch bei finanzieller Notlage die erforderliche Unterstützung erhalten. Je nach Einkommenssituation des Betroffenen kann sich zusätzlich ein Anspruch auch auf Grundsicherung oder Hilfe zum Lebensunterhalt (HLU) ergeben.

Hilfe zur Pflege und Grundsicherung bzw. HLU stellen verschiedene Rechtsgrundlagen dar, die zum Tragen kommen können. Die eine deckt den pflegebedingten Bedarf an, die anderen die Bedarfe des Lebensunterhalts, wie etwa die Kosten für die Unterkunft. Alle Leistungen unterliegen den Regelungen der Sozialhilfe und damit auch den Regelungen zum Einsatz von Einkommen und Vermögen des Betroffenen.

II. Nachranggrundsatz

Sozialhilfe wird nur dann gewährt, wenn der Hilfebedarf des Betroffenen nicht durch eigenes Einkommen, Vermögen oder vorrangige Ansprüche gedeckt werden kann. Hilfebedürftig ist nicht, wer sich aus Einkommen oder Vermögen selbst helfen kann. Das soll sicherstellen, dass Sozialhilfe nur als letztes Mittel eingreift.

E. – Finanzierung des Eigenanteils – Sozialhilfe nach dem SGB XII

Abb. 1: Nachrang der Sozialhilfe

Der Nachrang der Sozialhilfe ist in § 2 SGB XII geregelt:

§ 2 Nachrang der Sozialhilfe
(1) Sozialhilfe erhält nicht, wer sich vor allem durch Einsatz seiner Arbeitskraft, seines Einkommens und seines Vermögens selbst helfen kann oder wer die erforderliche Leistung von anderen, insbesondere von Angehörigen oder von Trägern anderer Sozialleistungen, erhält.
(2) Verpflichtungen anderer, insbesondere Unterhaltspflichtiger oder der Träger anderer Sozialleistungen, bleiben unberührt. Auf Rechtsvorschriften beruhende Leistungen anderer dürfen nicht deshalb versagt werden, weil nach dem Recht der Sozialhilfe entsprechende Leistungen vorgesehen sind.

Allerdings muss nicht das gesamte Einkommen oder Vermögen vorrangig eingesetzt werden, um als sozialhilfebedürftig zu gelten. Das SGB XII gibt diesbezüglich die Rahmenbedingungen vor und normiert wann z. B. Vermögen als verwertbar eingestuft wird und somit eingesetzt werden muss.

1. Wohngeld

Ein Beispiel für vorrangige Sozialleistungen stellt das Wohngeld dar. Das Wohngeld ist ein Zuschuss zur Miete oder zu den Kosten einer selbst bewohnten Eigentumswohnung oder selbst benutzten Immobilie. Geregelt ist das Wohngeld in § 1 WoGG (Wohngeldgesetz):

§ 1 Zweck des Wohngeldes
(1) Das Wohngeld dient der wirtschaftlichen Sicherung angemessenen und familiengerechten Wohnens.
(2) Das Wohngeld wird als Zuschuss zur Miete (Mietzuschuss) oder zur Belastung (Lastenzuschuss) für den selbst genutzten Wohnraum geleistet.

Mit dem Wohngeld soll sichergestellt werden, dass Wohnkosten in einkommensschwachen Haushalten getragen werden können und die Betroffenen davor bewahren, andere Sozialleitungen, wie etwa Grundsicherung beantragen zu müssen. Erst dann, wenn der Wohngeldzuschuss nicht ausreicht den Lebensunterhalt zu decken, hat man Anspruch auf andere Leistungen, wie etwa Grundsicherung.

Wohngeld wird nur auf Antrag gewährt und ist abhängig vom Einkommen, der monatlichen Belastung oder Miete und dem Preisniveau für Wohnraum vor Ort. Dieser wird bei der Gemeinde-, Stadt- oder Kreisverwaltung gestellt. Auch Heimbewohner haben unter Umständen Anspruch auf Wohngeld nach dem WoGG.

2. Pflegewohngeld

In NRW, Schleswig-Holstein und Mecklenburg-Vorpommer haben Heimbewohner einen Anspruch auf sogenanntes Pflegewohngeld. Es ist eine finanzielle Unterstützung des Landes für Pflegebedürftige, die die Kosten für einen Heimplatz nicht vollständig aus eigenen Mittel tragen können. Je nach Bundesland unterscheiden sich die Anspruchsvoraussetzungen.

Achtung: Im Gegensatz zur Sozialhilfe werden großzügigere Vermögensgrenzen angesetzt.

3. Sonstige Ansprüche

Schenkungsrückforderungsansprüche usw. siehe Kap. F.V.4.

III. Wer kann grundsätzlich Anspruch auf Sozialhilfe haben – Leistungsberechtigte?

Leistungsberechtigt sind Betroffene, die ihren Wohnsitz oder gewöhnlichen Aufenthalt in der Bundesrepublik Deutschland haben. Den gewöhnlichen Aufenthalt hat jemand auch dort, wo er sich unter Umständen aufhält, die erkennen lassen, dass er an diesem Ort oder in diesem Gebiet nicht nur vorübergehend verweilt.

> **§ 30 SGB I: Geltungsbereich**
> (1) Die Vorschriften dieses Gesetzbuchs gelten für alle Personen, die ihren Wohnsitz oder gewöhnlichen Aufenthalt in seinem Geltungsbereich haben.
> (2) Regelungen des über- und zwischenstaatlichen Rechts bleiben unberührt.
> (3) Einen Wohnsitz hat jemand dort, wo er eine Wohnung unter Umständen innehat, die darauf schließen lassen, daß er die Wohnung beibehalten und benutzen wird. Den gewöhnlichen Aufenthalt hat jemand dort, wo er sich unter Umständen aufhält, die erkennen lassen, daß er an diesem Ort oder in diesem Gebiet nicht nur vorübergehend verweilt.

IV. Wunsch und Wahlrecht der Betroffenen

Sozialhilfe setzt an den Besonderheiten des Einzelfalls an und muss individuell ausgestaltet werden. Jede Hilfeleistung muss auf die spezifischen

Bedürfnisse und die konkrete Lebenssituation des Betroffenen abgestimmt werden. Den berechtigten Wünschen der Leistungsberechtigten ist zu entsprechen, sofern diese angemessen und wirtschaftlich vertretbar sind. Können mehrere Maßnahmen den Bedarf des Betroffenen decken, ist die Höhe der Kosten entscheidend, ob der Wunsch des Hilfebedürftigen angemessen ist.

> **§ 9 SGB XII: Sozialhilfe nach der Besonderheit des Einzelfalles**
> (1) Die Leistungen richten sich nach der Besonderheit des Einzelfalles, insbesondere nach der Art des Bedarfs, den örtlichen Verhältnissen, den eigenen Kräften und Mitteln der Person oder des Haushalts bei der Hilfe zum Lebensunterhalt.
> (2) Wünschen der Leistungsberechtigten, die sich auf die Gestaltung der Leistung richten, soll entsprochen werden, soweit sie angemessen sind. Wünschen der Leistungsberechtigten, den Bedarf stationär oder teilstationär zu decken, soll nur entsprochen werden, wenn dies nach der Besonderheit des Einzelfalles erforderlich ist, weil anders der Bedarf nicht oder nicht ausreichend gedeckt werden kann und wenn mit der Einrichtung Vereinbarungen nach den Vorschriften des Zehnten Kapitels dieses Buches bestehen. Der Träger der Sozialhilfe soll in der Regel Wünschen nicht entsprechen, deren Erfüllung mit unverhältnismäßigen Mehrkosten verbunden wäre.
> (3) Auf Wunsch der Leistungsberechtigten sollen sie in einer Einrichtung untergebracht werden, in der sie durch Geistliche ihres Bekenntnisses betreut werden können.

> **Achtung:** Kann der spezielle Bedarf eines Betroffenen nicht anders gedeckt werden, wird kein Kostenvergleich angestellt.

V. Zuschuss oder Darlehen

„Echte" Sozialhilfe wird als Zuschuss gewährt. Das bedeutet, die gewährte Leistung muss grundsätzlich nicht vom Leistungsempfänger zurückbezahlt werden. Das ist auch der Fall, wenn Vermögen vorhanden ist, dieses aber nicht als verwertbar eingestuft wurde.

Allerdings gibt es auch die Möglichkeit von darlehensweiser Gewährung von Leistungen im Rahmen der Sozialhilfe. Diese kommt zum Tragen, wenn es an sogenannten „bereiten Mitteln" fehlt. Das bedeutet, dass z. B. Ansprüche gegen Dritte oder vorhandenes Vermögen trotz intensiver Bemühungen gegenwärtig und auch voraussichtlich nicht in absehbarer Zeit für die Bedarfsdeckung zur Verfügung stehen.

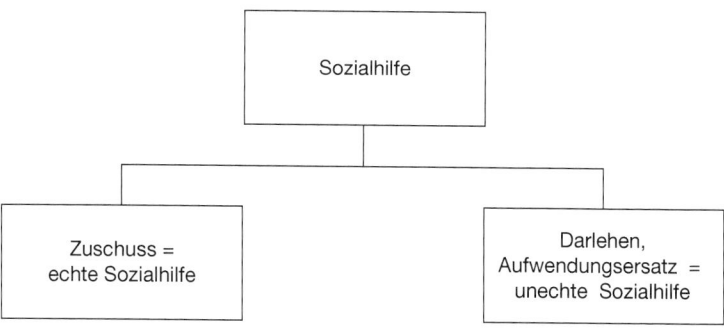

Abb. 2: Sozialhilfe als Zuschuss oder Darlehen

> **Achtung:** In Fällen der darlehensweisen Gewährung muss das Vermögen zwingend als verwertbar eingestuft worden sein.

Die Möglichkeit einer darlehensweisen Gewährung ist unter anderem in § 91 SGB XII geregelt:

§ 91 Darlehen

Soweit nach § 90 für den Bedarf der nachfragenden Person Vermögen einzusetzen ist, jedoch der sofortige Verbrauch oder die sofortige Verwertung des Vermögens nicht möglich ist oder für die, die es einzusetzen hat, eine Härte bedeuten würde, soll die Sozialhilfe als Darlehen geleistet werden. Die Leistungserbringung kann davon abhängig gemacht werden, dass der Anspruch auf Rückzahlung dinglich oder in anderer Weise gesichert wird.

Achtung: Bei dieser Vorschrift handelte es sich um eine sog. Ermessensregelung. Eine Ermessensregelung erlaubt der Behörde eine Auswahlentscheidung zwischen mehreren rechtlich zulässigen Optionen, wobei der Einzelfall maßgeblich ist. Ermessen wird in sogenannten Kann-Vorschriften, aber auch bei Soll-Vorschriften eingeräumt.[40]

Bei § 91 SGB XII handelt es sich um eine Soll-Vorschrift: Sozialhilfe soll gewährt werden, wenn die Voraussetzungen des § 91 SGB XII gegeben sind. Vom Gesetzgeber ist in Fällen des sogenannten intendierten Ermessens eine bestimmte Entscheidung gewollt (bei § 92 SGB XII die Gewährung eines Darlehens) und es kann davon nur in begründeten Ausnahmefällen abgewichen werden.

Zudem gibt es z. B. die Möglichkeit eines Aufwendungsersatzes gem. § 19 Abs. 5 SGB XII. So wird die Möglichkeit geschaffen, zunächst Hilfe zu leisten, bis geklärt werden kann, ob ein Anspruch tatsächlich besteht oder ein bestehender Anspruch durchgesetzt werden kann. Die erhaltenen Leistungen müssen dann zurückbezahlt werden.

§ 19 Abs. 5 SGB XII: Leistungsberechtigte
(...)
(5) Ist den in den Absätzen 1 bis 3 genannten Personen die Aufbringung der Mittel aus dem Einkommen und Vermögen im Sinne der Absätze 1 und 2 möglich oder im Sinne des Absatzes 3 zuzumuten und sind Leistungen erbracht worden, haben sie dem Träger der Sozialhilfe die Aufwendungen in diesem Umfang zu ersetzen. Mehrere Verpflichtete haften als Gesamtschuldner.

Auch hierbei handelt es sich um eine Ermessensentscheidung.

---

40 Meyer-Ladewig/Keller, Schmidt, SGG 14. Auflage , § 54 R. 25

> **Achtung:** Ermessensreduzierung auf Null
> In manchen Konstellationen kann das Ermessen aufgrund der Umstände des Einzelfalls nur in einem bestimmten Sinn ausgeübt werden, da jede andere Entscheidung fehlerhaft wäre. In einen solchen Fall spricht man von einer Ermessensreduzierung auf Null.

1. Einsetzen der Sozialhilfe

Die Sozialhilfe muss grundsätzlich nicht beantragt werden, sondern setzt unmittelbar ein, sobald dem Träger der Sozialhilfe bekannt wird, dass die Leistungsvoraussetzungen gegeben sind. Geregelt ist dies in § 18 SGB XII:

> **§ 18 Einsetzen der Sozialhilfe**
> (1) Die Sozialhilfe, mit Ausnahme der Leistungen der Grundsicherung im Alter und bei Erwerbsminderung, setzt ein, sobald dem Träger der Sozialhilfe oder den von ihm beauftragten Stellen bekannt wird, dass die Voraussetzungen für die Leistung vorliegen.
> (2) Wird einem nicht zuständigen Träger der Sozialhilfe oder einer nicht zuständigen Gemeinde im Einzelfall bekannt, dass Sozialhilfe beansprucht wird, so sind die darüber bekannten Umstände dem zuständigen Träger der Sozialhilfe oder der von ihm beauftragten Stelle unverzüglich mitzuteilen und vorhandene Unterlagen zu übersenden. Ergeben sich daraus die Voraussetzungen für die Leistung, setzt die Sozialhilfe zu dem nach Satz 1 maßgebenden Zeitpunkt ein.

> **Achtung:** Es gibt allerdings eine Ausnahme: Grundsicherung im Alter und bei Erwerbsminderung müssen beantragt werden.

2. Kostenersatz aus dem Nachlass

Das Sozialhilferecht legt fest, dass Erben eines verstorbenen Sozialhilfeempfängers für einen bestimmten Teil der Kosten der Sozialhilfe aufkommen müssen.

Grundvoraussetzung ist, dass nach dem Tod des Pflegebedürftigen ein Nachlass vorhanden ist, aus dem die Kosten erstattet werden können. Der Erbe haftet nur gemäß dem Wert des Nachlasses. Eine persönlich Haftung darüber hinaus gibt es nicht.

> **Achtung:** Der Kostenersatz durch Erben betrifft Fälle, bei denen das vorhandene Vermögen während des Leistungsbezugs als nicht verwertbar eingestuft wurde. Dieser Schutz fällt mit dem Tod des Leistungsbeziehers weg.

Es werden im Rahmen des Kostenersatzes nur solche Kosten der Sozialhilfe erfasst, die der Erblasser innerhalb von zehn Jahren vor dem Tod erhalten hat. Zudem gibt es verschiedene Möglichkeiten für einen angemessenen Nachlassfreibetrag. Geregelt ist dies in § 102 SGB XII:

§ 102 Kostenersatz durch Erben
(1) Der Erbe der leistungsberechtigten Person oder ihres Ehegatten oder ihres Lebenspartners, falls diese vor der leistungsberechtigten Person sterben, ist vorbehaltlich des Absatzes 5 zum Ersatz der Kosten der Sozialhilfe verpflichtet. Die Ersatzpflicht besteht nur für die Kosten der Sozialhilfe, die innerhalb eines Zeitraumes von zehn Jahren vor dem Erbfall aufgewendet worden sind und die das Dreifache des Grundbetrages nach § 85 Abs. 1 übersteigen. Die Ersatzpflicht des Erben des Ehegatten oder Lebenspartners besteht nicht für die Kosten der Sozialhilfe, die während des Getrenntlebens der Ehegatten oder Lebenspartner geleistet worden sind.
Ist die leistungsberechtigte Person der Erbe ihres Ehegatten oder Lebenspartners, ist sie zum Ersatz der Kosten nach Satz 1 nicht verpflichtet.

(2) Die Ersatzpflicht des Erben gehört zu den Nachlassverbindlichkeiten. Der Erbe haftet mit dem Wert des im Zeitpunkt des Erbfalles vorhandenen Nachlasses.

(3) Der Anspruch auf Kostenersatz ist nicht geltend zu machen,
1. soweit der Wert des Nachlasses unter dem Dreifachen des Grundbetrages nach § 85 Abs. 1 liegt,
2. soweit der Wert des Nachlasses unter dem Betrag von 15.340 Euro liegt, wenn der Erbe der Ehegatte oder Lebenspartner der leistungsberechtigten Person oder mit dieser verwandt ist und nicht nur vorübergehend bis zum Tod der leistungsberechtigten Person mit dieser in häuslicher Gemeinschaft gelebt und sie gepflegt hat,
3. soweit die Inanspruchnahme des Erben nach der Besonderheit des Einzelfalles eine besondere Härte bedeuten würde.

(4) Der Anspruch auf Kostenersatz erlischt in drei Jahren nach dem Tod der leistungsberechtigten Person, ihres Ehegatten oder ihres Lebenspartners. § 103 Abs. 3 Satz 2 und 3 gilt entsprechend.
(…)

F. Einkommens- und Vermögenseinsatz im Rahmen der Sozialhilfe

Sozialhilfeleistungen erhalten Betroffene nur, wenn sie die notwendigen Kosten nicht aus eigenen Mitteln decken können (Nachranggrundsatz). Das bedeutet, die Betroffenen müssen ihr Einkommen und Vermögen einsetzen und Ansprüche gegenüber Dritten geltend machen.

Sozialhilfe ist eine Sozialleistung für pflegebedürftige Menschen, die ihren Pflegebedarf nicht aus eigenen Mittel finanzieren können. Geregelt ist sie in den §§ 61 bis 66 SGB XII (Sozialgesetzbuch – Zwölftes Buch (SGB XII): Sozialhilfe).

Pflegebedürftige haben danach Anspruch auf Sozialhilfe (nicht: Hilfe zur Pflege), wenn ihnen und ihren nicht getrennten Partnern nicht zuzumuten ist, das eigene Einkommen und Vermögen für die anfallenden Kosten der notwendigen Pflege einzusetzen.

I. Leistungsberechtigte

§ 61 Leistungsberechtigte
Personen, die pflegebedürftig im Sinne des § 61a sind, haben Anspruch auf Hilfe zur Pflege, soweit ihnen und ihren nicht getrennt lebenden Ehegatten oder Lebenspartnern nicht zuzumuten ist, dass sie die für die Hilfe zur Pflege benötigten Mittel aus dem Einkommen und Vermögen nach den Vorschriften des Elften Kapitels aufbringen. Sind die Personen minderjährig und unverheiratet, so sind auch das Einkommen und das Vermögen ihrer Eltern oder eines Elternteils zu berücksichtigen.

1. Wer wird beim Einkommens- und Vermögenseinsatz in der Sozialhilfe berücksichtigt?

Ehegatten und Lebenspartner, die nicht dauernd getrennt leben, bilden eine sogenannte Einsatzgemeinschaft und müssen Einkommen und Vermögen füreinander einsetzen.

Auch das alleinige Vermögen eines Partners muss grundsätzlich für die Kosten der Pflege oder den Lebensunterhalt des anderen Partners aufgebracht werden. Sind die Pflegebedürftigen minderjährig und unverheiratet, so sind auch Einkommen und Vermögen ihrer Eltern oder eines Elternteils zu berücksichtigen.[41]

> **Achtung:** Man muss nicht verheiratet oder in einer eingetragenen Lebenspartnerschaft sein. Personen, die in eheähnlicher oder lebenspartnerschaftsähnlicher Gemeinschaft leben, werden wie Ehegatten oder Lebenspartner behandelt. Dies ist in § 20 SGB XII geregelt:

> **§ 20 Eheähnliche Gemeinschaft**
> Personen, die in eheähnlicher oder lebenspartnerschaftsähnlicher Gemeinschaft leben, dürfen hinsichtlich der Voraussetzungen sowie des Umfangs der Sozialhilfe nicht besser gestellt werden als Ehegatten. § 39 gilt entsprechend.

2. Gibt es nach der Trennung eine Einsatzpflicht?

Getrenntlebende Partner sind keine Einsatzgemeinschaft mehr im Sinne des SGB XII. Das bedeutet, Einkommen und Vermögen des getrennten Partners sind nicht mehr relevant. Allerdings können Unterhaltsansprüche zum Tragen kommen.

---

41 vgl. z. B. § 19 Abs. 3 SGB XII

Ob Ehegatten und Lebenspartner getrennt leben bestimmt sich nach den Vorgaben des Familienrechts. Von einer Trennung spricht man, wenn keine häusliche Gemeinschaft mehr besteht und zumindest ein Partner eine ernsthafte Trennungsabsicht hat. Ein Umzug eines Partners in eine Pflegeeinrichtung reicht allein nicht aus, um eine Trennung anzunehmen.[42]

II. Abgrenzung Hilfe zur Pflege, Grundsicherung und Eingliederungshilfe

Hilfe zur Pflege (SGB XII) und Eingliederungshilfe (SGB IX) sind zwei unterschiedliche Sicherungssysteme in Deutschland. Beide verfolgen unterschiedliche Ziele und richten sich an unterschiedliche Bedarfsgruppen.

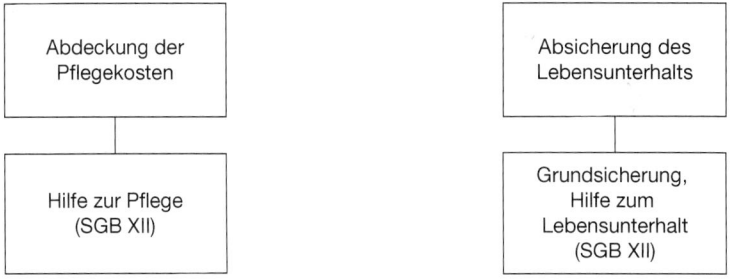

Abb. 3: Hilfe zur Pflege und Grundsicherung unterscheiden sich.

---

42   Hessisches Landessozialgericht, Urt. v. 25.11.2011 – L 7 SO 194/09

1. Grundsicherung im Alter und bei Erwerbsminderung

Grundsicherung im Alter und bei Erwerbsminderung ist eine Sozialhilfeleistung zur Absicherung des Lebensunterhalts von Menschen, die aufgrund ihres Alters oder einer dauerhaften Erwerbsminderung ihren Bedarf nicht selbst decken können. Grundsicherung im Alter und Erwerbsminderung ist in den §§ 41 ff SGB XII geregelt.

Durch die Grundsicherung soll ein menschenwürdiges Existenzminimum gewährleistet werden, ältere Menschen und dauerhaft Erwerbsgeminderte sollen vor Armut geschützt werden.

Das Bundesverfassungsgericht hat mit der Entscheidung vom 09.02.2010 ein Grundrecht auf Gewährleistung eines menschenwürdigen Existenzminimums entwickelt.[43] Danach sichert das Grundrecht auf Gewährleistung eines menschenwürdigen Existenzminimums aus Art. 1 Abs. 1 GG in Verbindung mit dem Sozialstaatsprinzip des Art. 20 Abs. 1 GG jedem Hilfebedürftigen diejenigen materiellen Voraussetzungen zu, die für seine physische Existenz und für ein Mindestmaß an Teilhabe am gesellschaftlichen, kulturellen und politischen Leben unerlässlich sind.

a) Leistungsberechtigte bei Grundsicherung im Alter und bei Erwerbsminderung

Wer unter den Kreis der Leistungsberechtigten fällt, regelt § 41 SGB XII:

§ 41 Leistungsberechtigte
(1) Leistungsberechtigt nach diesem Kapitel sind Personen mit gewöhnlichem Aufenthalt im Inland, die ihren notwendigen Lebensunterhalt nicht oder nicht ausreichend aus Einkommen und Vermögen nach § 43 bestreiten können, wenn sie die Voraussetzungen nach Absatz 2, 3 oder 3a erfüllen.

---

43 https://www.bundesverfassungsgericht.de/SharedDocs/Entscheidungen/ DE/2010/02/ls20100209_1bvl000109.html

II. – Abgrenzung Hilfe zur Pflege, Grundsicherung und Eingliederungshilfe

(2) Leistungsberechtigt sind Personen nach Absatz 1 wegen Alters, wenn sie die Altersgrenze erreicht haben. Personen, die vor dem 1. Januar 1947 geboren sind, erreichen die Altersgrenze mit Vollendung des 65. Lebensjahres. Für Personen, die nach dem 31. Dezember 1946 geboren sind, wird die Altersgrenze wie folgt angehoben:

für den Geburtsjahrgang	erfolgt eine Anhebung um Monate	auf Vollendung eines Lebensalters von
1947	1	65 Jahren und 1 Monat
1948	2	65 Jahren und 2 Monaten
1949	3	65 Jahren und 3 Monaten
1950	4	65 Jahren und 4 Monaten
1951	5	65 Jahren und 5 Monaten
1952	6	65 Jahren und 6 Monaten
1953	7	65 Jahren und 7 Monaten
1954	8	65 Jahren und 8 Monaten
1955	9	65 Jahren und 9 Monaten
1956	10	65 Jahren und 10 Monaten
1957	11	65 Jahren und 11 Monaten
1958	12	66 Jahren
1959	14	66 Jahren und 2 Monaten
1960	16	66 Jahren und 4 Monaten
1961	18	66 Jahren und 6 Monaten
1962	20	66 Jahren und 8 Monaten
1963	22	66 Jahren und 10 Monaten
Ab 1964	24	67 Jahren

(3) Leistungsberechtigt sind Personen nach Absatz 1 wegen einer dauerhaften vollen Erwerbsminderung, wenn sie das 18. Lebensjahr vollendet haben, unabhängig von der jeweiligen Arbeitsmarktlage voll erwerbsgemindert im Sinne des § 43 Absatz 2 des Sechsten Buches sind und bei denen unwahrscheinlich ist, dass die volle Erwerbsminderung behoben werden kann.

(3a) Leistungsberechtigt sind Personen nach Absatz 1, die das 18. Lebensjahr vollendet haben, für den Zeitraum, in dem sie
1. in einer Werkstatt für behinderte Menschen (§ 57 des Neunten Buches) oder bei einem anderen Leistungsanbieter (§ 60 des Neunten Buches) das Eingangsverfahren und den Berufsbildungsbereich durchlaufen oder
2. in einem Ausbildungsverhältnis stehen, für das sie ein Budget für Ausbildung (§ 61a des Neunten Buches) erhalten.

(4) Keinen Anspruch auf Leistungen nach diesem Kapitel hat, wer in den letzten zehn Jahren die Hilfebedürftigkeit vorsätzlich oder grob fahrlässig herbeigeführt hat.

Erfasst werden zum einen nach § 41 Abs. 2 SGB XII Personen, die die sogenannte Regelaltersgrenze der gesetzlichen Rentenversicherung bereits erreicht haben. Diese kann man für jeden Jahrgang der gesetzlichen Regelung entnehmen. Ab Jahrgang 1964 liegt die Regelaltersgrenze bei 67 Jahren.

Darüber hinaus erfasst sind Personen, die aufgrund einer gesundheitlichen Einschränkung dauerhaft voll erwerbsgemindert sind. Ob eine Erwerbsminderung vorliegt, wird durch das Recht der gesetzlichen Rentenversicherung bestimmt.[44] Eine Person ist voll erwerbsgemindert, wenn sie unter den üblichen Bedingungen auf dem allgemeinen Arbeitsmarkt regelmäßig jedenfalls nicht drei Stunden täglich erwerbstätig sein kann. Eine teilweise Erwerbsminderung liegt vor, wenn die Betroffenen nicht mehr als sechs Stunden täglich arbeiten können.

Erwerbsminderungsrenten werden grundsätzlich zunächst nur auf Zeit gewährt. Die Befristung erfolgt für längstens 3 Jahre nach Rentenbeginn. Nach spätestens neun Jahren wird die Rente auf Dauer, also unbefristet gewährt.

Achtung: Die Leistungen der Grundsicherung sind nur dann möglich, wenn eine unbefristete volle Erwerbsminderung vorliegt.

---

44 vgl. § 43 SGB VIII

II. – Abgrenzung Hilfe zur Pflege, Grundsicherung und Eingliederungshilfe

> Die betroffene Person hat weder die Altersgrenze erreicht noch liegt eine dauerhafte Erwerbsminderung vor – was ist in diesem Fall zu tun? Hier greift der Anspruch auf Hilfe zum Lebensunterhalt gem. §§ 27 ff SGB XII. Diese wird bedürftigen Personen gewährt, die keinen Anspruch auf vorrangige Leistungen wie Arbeitslosengeld haben, um ihren grundlegenden Lebensbedarf sicherzustellen.

Erfasst werden bei der Grundsicherung im Wesentlichen Regelbedarf, Kosten für Unterkunft und Heizung (Kosten der Unterkunft, KdU) und Mehrbedarfe. Daneben gibt es auch grundsätzlich die Möglichkeit für einmalige Sonderbedarfe.

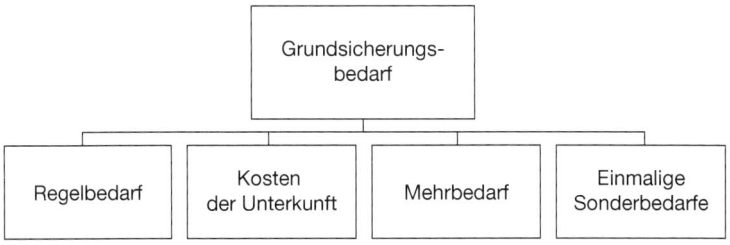

Abb. 4: Zusammensetzung des Grundsicherungsbedarfs.

b) Regelbedarf

Als Regelbedarf bezeichnet man den pauschalierten Betrag, der monatlich zur Deckung des Lebensunterhalts eines Leistungsberechtigten vorgesehen ist. Der Regelbedarf umfasst insbesondere Ausgaben für Ernährung, Kleidung, Haushaltsenergie, Hausrat, Hygieneartikel sowie Kosten zur sozialen Teilhabe. Grundsätzlich wird der Betrag jährlich angepasst. 2025 wird es ausnahmsweise keine Anpassung geben, da 2024 der Betrag so deutlich angehoben wurde, dass eine weitere Fortschreibung im Jahr 2025 nicht notwendig ist.

Es gibt sechs Regelbedarfsstufen (RSB), die in der Anlage zu 28 SGB XII aufgeschlüsselt sind. Diese liegen aktuell bei folgenden Werten (Stand 2025):

RSB 1 Alleinstehende oder alleinerziehende Erwachsene, die in einer Wohnung oder Wohngemeinschaft leben	563 Euro
RSB 2 Erwachsene Leistungsberechtigte, die in einer Wohnung mit einem Partner zusammenleben, Menschen mit Behinderungen, die in einer besonderen Wohnform leben	505 Euro
RSB 3 Erwachsene unter 25 Jahren, wenn sie im Haushalt der Eltern leben und Erwachsene, die in einer stationären Einrichtung leben	451 Euro
RSB 4 Jugendliche von 14 bis 17 Jahren	471 Euro
RSB 5 Kinder von 6 bis 13 Jahren	390 Euro
RSB 6 Kinder bis 5 Jahre	357 Euro

c) Unterkunft und Heizung (KdU)

Die Kosten der Unterkunft umfassen die (angemessen) Ausgaben für Wohnraum. Bestandteile der KdU sind:

- Kaltmiete,
- Nebenkosten,
- Heizkosten und
- Warmwasser.

Aufwendungen für Unterkunft und Heizung werden in tatsächlicher Höhe erbracht. Die gesetzlich vorgegebenen Angemessenheitsgrenzen müssen Beachtung finden. Denn nur angemessene Bedarfe können ohne Weiteres auf Dauer bezuschusst werden. Mit dem Bürgergeld-Gesetz von 2022, das am 1.10.2023 in Kraft trat, wurde bei den Unterkunftskosten eine Karenzzeit von einem Jahr für die Unterkunftskosten eingeführt.[45]

---

45 Gesetz vom 16.12.2022, BGBL. I 2022, Nr. 51 vom 20.12.2022, S. 2328

II. – Abgrenzung Hilfe zur Pflege, Grundsicherung und Eingliederungshilfe

Dies hat im Wesentlichen in § 35 SGB XII Niederschlag gefunden:

§ 35 Bedarfe für Unterkunft und Heizung
(1) Bedarfe für Unterkunft und Heizung werden in Höhe der tatsächlichen Aufwendungen anerkannt, soweit diese angemessen sind. Für die Anerkennung der Bedarfe für Unterkunft gilt eine Karenzzeit von einem Jahr ab Beginn des Monats, für den erstmals Leistungen nach diesem Buch bezogen werden. Innerhalb dieser Karenzzeit werden abweichend von Satz 1 Bedarfe für Unterkunft in Höhe der tatsächlichen Aufwendungen anerkannt;
(…)

Unterkunftskosten werden in tatsächlicher Höhe im ersten Jahr des Leistungsbezugs übernommen, und zwar unabhängig davon, ob diese angemessen sind.

Achtung: Die Heizkosten hingegen werden nur übernommen, wenn sie angemessen sind. Dies gilt auch während der Karenzzeit.

Mit Ende der Karenzzeit wird auch bei den Unterkunftskosten eine Angemessenheitsprüfung durchgeführt. Befinden sich die Unterkunftskosten nicht innerhalb der Angemessenheitsgrenzen, können die Kosten grundsätzlich nicht in voller Höhe übernommen werden. Die Angemessenheitsgrenzen setzt der zuständige Sozialhilfeträger für den Bereich seiner örtlichen Zuständigkeit anhand verschiedener Kriterien fest. Entscheidendes Referenzkriterium ist zum Beispiel das durchschnittliche Mietpreisniveau im Zuständigkeitsbereich.

Fraglich ist, ob der Sozialhilfeträger nach **Ende der Karenzzeit** die Übernahme der Kosten in tatsächlicher Höhe verweigern kann. Es kommt darauf an. Es muss zunächst ein sogenanntes Kostensenkungsverfahren eingeleitet werden.

aa) Kostensenkungsverfahren

Übersteigen die Kosten den angemessenen Umfang, so sind sie nur weiter anzuerkennen, solange eine Kostensenkung, wie z. B. einem Wohnungswechsel, nicht möglich oder zumutbar ist. Vor allem bei schweren Erkrankungen oder Behinderung kann ein Wohnungswechsel im Einzelfall nicht zumutbar sein. Das bedeutet, dass die die Kosten in solchen Fällen weiterhin in der tatsächlichen Höhe vom Sozialhilfeträger übernommen werden müssen.

Hier stellt sich die Frage, ob man in der **eigenen Immobilie Grundsicherung** erhalten kann.

Unterkunftskosten werden nicht nur für Mietwohnungen berücksichtigt, sondern auch für die selbstgenutzte Immobilie. Das betrifft aber nur solche Unterkunftskosten, die in Zusammenhang mit einer vor Verwertung geschützten Immobilie stehen.[46] Zudem müssen die Grundsätze der Angemessenheit erfüllt sein.

bb) Betreuungspauschalen in Einrichtungen des Servicewohnens

Servicewohnen oder auch betreutes Wohnen ermöglicht Betroffenen, eigenständig zu leben und bei Bedarf Unterstützung zu erhalten. Was betreutes Wohnen kostet, variiert je nach Region, Wohnform und den angebotenen Leistungen. Neben den Wohnkosten umfasst das Wohnen mit Service aber meist Kosten für zusätzliche Leistungen, sog. Betreuungspauschalen. Betreuungspauschalen sind dann als Bestandteil der Bedarfe der Unterkunft anzusehen, wenn diese untrennbar mit dem Mietvertrag verbunden sind, so dass die Unterkunft nicht ohne die Betreuungspauschale gemietet werden kann.

d) Mehrbedarf

Unter einem Mehrbedarf versteht man einen zusätzlichen und nicht nur vorübergehenden finanziellen Bedarf, der aufgrund besonderer Umstände des Einzelfalls notwendig wird und eben nicht durch den pauschalisierten Regelbedarf abgedeckt ist. Es gibt verschiedenen Gründe, welche die Bewilligung eines Mehrbedarfs zur Folge haben.

Geregelt sind Mehrbedarfe in § 30 SGB XII.

---

46 Doering-Striening, Sozialhilferegress bei Erbfall und Schenkung, 2. Auflage 2022, § 3 Rn. 10

Beispiel:

Mehrbedarf aufgrund eingeschränkter Mobilität: Anspruch auf Mehrbedarf haben Menschen, die ein Merkzeichen G oder Merkzeichen aG in ihrem Schwerbehindertenausweis haben. Der Mehrbedarf aufgrund eingeschränkter Mobilität beträgt 17 Prozent der maßgebenden Regelbedarfsstufe.

Schwerbehindertenausweis und Merkzeichen

Ein Schwerbehindertenausweis ist ein offizielles Dokument, das Betroffenen mit einer anerkannten Schwerbehinderung ausgestellt wird. Er dient als Nachweis dieser Feststellung und ermöglicht den Betroffenen, bestimmte Rechte in Anspruch zu nehmen.

Dazu zählt z. B. ein besonderer Kündigungsschutz, steuerliche Vorteile oder Vergünstigungen im öffentlichen Nahverkehr. Die Feststellung erfolgt grundsätzlich auf Antrag.[47]

Eine Person ist schwerbehindert, wenn mindestens ein Grad der Behinderung (GdB) von 50 festgestellt worden ist und sie einen Wohnsitz, gewöhnlichen Aufenthalt oder einen Arbeitsplatz in Deutschland hat. Liegen noch besondere Beeinträchtigungen vor, werden sogenannte Merkzeichen in den Schwerbehindertenausweis eingetragen. Die Merkzeichen bedeuten im Einzelnen:

G	Der Ausweisinhaber ist in seiner Bewegungsfähigkeit im Straßenverkehr erheblich beeinträchtigt
aG	Der Ausweisinhaber ist außergewöhnlich gehbehindert
H	Die Ausweisinhaberin bzw. der Ausweisinhaber ist hilflos.
Bl	Die Ausweisinhaberin bzw. der Ausweisinhaber ist blind. Als blind ist auch der Mensch mit Behinderung anzusehen, dessen Sehschärfe so gering ist, dass er sich in einer ihm nicht vertrauten Umgebung ohne fremde Hilfe nicht zurechtfinden kann.

---

[47] vgl. § 152 SGB IX

Gl	Die Ausweisinhaberin bzw. der Ausweisinhaber ist entweder gehörlos, weil Taubheit beider Ohren vorliegt. Oder die Ausweisinhaberin bzw. der Ausweisinhaber weist zum einen eine Hörbehinderung mit einer an Taubheit grenzenden Schwerhörigkeit beidseits und zum anderen eine schwere Sprachstörung bzw. eine schwer verständliche Lautsprache oder einen geringen Wortschatz auf.
B	Berechtigt zur Mitnahme einer Begleitperson.
RF	Die Ausweisinhaberin bzw. der Ausweisinhaber erfüllt die landesrechtlich festgelegten gesundheitlichen Voraussetzungen für die Befreiung von der Rundfunkgebührenpflicht und ggf. für den Sozialtarif für Verbindungen im T-Net.
TBl	Das Merkzeichen erhalten taubblinde Menschen. Das Merkzeichen TBl wird vom Versorgungsamt festgestellt, wenn wegen einer Störung der Hörfunktion ein Grad der Behinderung (GdB) von mindestens 70 und wegen einer Störung des Sehvermögens ein GdB von 100 anerkannt ist.

e) Sonderbedarf – einmalige Bedarfe

Darüber hinaus gibt es noch die Möglichkeit der Gewährung von Sonderbedarfen. Darunter versteht man zusätzliche Leistungen, die in atypischen Fällen gewährt werden können. Geregelt ist dies in § 31 SGB XII, der die Gewährung einmaliger Leistungen für bestimmte Bedarfe, z. B. Erstausstattungen oder medizinisch notwendige Hilfsmittel, ermöglicht.

§ 31 Einmalige Bedarfe
(1) Leistungen zur Deckung von Bedarfen für
1. Erstausstattungen für die Wohnung einschließlich Haushaltsgeräten,
2. Erstausstattungen für Bekleidung und Erstausstattungen bei Schwangerschaft und Geburt sowie
3. Anschaffung und Reparaturen von orthopädischen Schuhen, Reparaturen von therapeutischen Geräten und Ausrüstungen sowie die Miete von therapeutischen Geräten werden gesondert erbracht.

(2) Einer Person, die Sozialhilfe beansprucht (nachfragende Person), werden, auch wenn keine Regelsätze zu gewähren sind, für einmalige Bedarfe nach Absatz 1 Leistungen erbracht, wenn sie diese nicht aus eigenen Kräften und Mitteln vollständig decken kann. In diesem Falle kann das Einkommen berücksichtigt werden, das sie innerhalb eines Zeitraums von bis zu sechs Monaten nach Ablauf des Monats erwerben, in dem über die Leistung entschieden worden ist.
(3) Die Leistungen nach Absatz 1 Nr. 1 und 2 können als Pauschalbeträge erbracht werden. Bei der Bemessung der Pauschalbeträge sind geeignete Angaben über die erforderlichen Aufwendungen und nachvollziehbare Erfahrungswerte zu berücksichtigen.

2. Eingliederungshilfe

Die Eingliederungshilfe macht es sich zur Aufgabe, die gleichberechtigte Teilhabe am gesellschaftlichen Leben und die Selbstbestimmung von Menschen mit Behinderung zu ermöglichen.

Durch das Bundesteilhabegesetz (BTHG) wurde in insgesamt vier Stufen, das Recht von Menschen mit Behinderung neu geregelt. Ziel war es unter anderem die Lebenssituation von Menschen mit Behinderung zu verbessern und dem neuen gesellschaftlichen Verständnis einer inklusiven Gesellschaft Rechnung zu tragen.[48] Im Rahmen des SGB IX gelten für die Betroffenen deutlich günstigere Voraussetzungen im Hinblick auf Einkommens- und Vermögenseinsatz.

Der Begriff der Behinderung wird in § 2 Abs. 1 SGB IX (Sozialgesetzbuch – Neuntes Buch (SGB IX): Rehabilitation und Teilhabe von Menschen mit Behinderungen) definiert:

§ 2 SGB Begriffsbestimmungen
(1) Menschen mit Behinderungen sind Menschen, die körperliche, seelische, geistige oder Sinnesbeeinträchtigungen haben, die sie in Wechselwirkung mit einstellungs- und umweltbedingten Barrieren an der gleichberechtigten Teilhabe an der Gesellschaft mit hoher Wahr-

---

[48] Deutscher Bundestag, 18. Wahlperiode Drucksache 18/9522

scheinlichkeit länger als sechs Monate hindern können. Eine Beeinträchtigung nach Satz 1 liegt vor, wenn der Körper- und Gesundheitszustand von dem für das Lebensalter typischen Zustand abweicht. Menschen sind von Behinderung bedroht, wenn eine Beeinträchtigung nach Satz 1 zu erwarten ist.

(2) Menschen sind im Sinne des Teils 3 schwerbehindert, wenn bei ihnen ein Grad der Behinderung von wenigstens 50 vorliegt und sie ihren Wohnsitz, ihren gewöhnlichen Aufenthalt oder ihre Beschäftigung auf einem Arbeitsplatz im Sinne des § 156 rechtmäßig im Geltungsbereich dieses Gesetzbuches haben.

(3) Schwerbehinderten Menschen gleichgestellt werden sollen Menschen mit Behinderungen mit einem Grad der Behinderung von weniger als 50, aber wenigstens 30, bei denen die übrigen Voraussetzungen des Absatzes 2 vorliegen, wenn sie infolge ihrer Behinderung ohne die Gleichstellung einen geeigneten Arbeitsplatz im Sinne des § 56 nicht erlangen oder nicht behalten können (gleichgestellte behinderte Menschen).

Oft korrespondiert mit einer Behinderung auch ein gewisser Pflegebedarf.

3. Pflegebedürftigkeit und Behinderung gleichzeitig

Wie stellt sich die Situation dar, wenn neben der Pflegebedürftigkeit auch eine Behinderung festgestellt wurde?

Hier gibt das sogenannte Lebenslagenmodell Antwort:

Tritt die Behinderung bis zum Eintritt der Regelaltersrente ein und können die Ziele der Eingliederungshilfe noch erreicht werden, gelten die Regelungen der Eingliederungshilfe und damit auch ein anderer und für die Betroffenen großzügigerer Einkommens-und Vermögenseinsatz.

Tritt die Behinderung zusätzlich zur Pflegebedürftigkeit hingegen nach dem Eintritt der Regelaltersrente ein, gelten die Regelungen der Sozialhilfe.

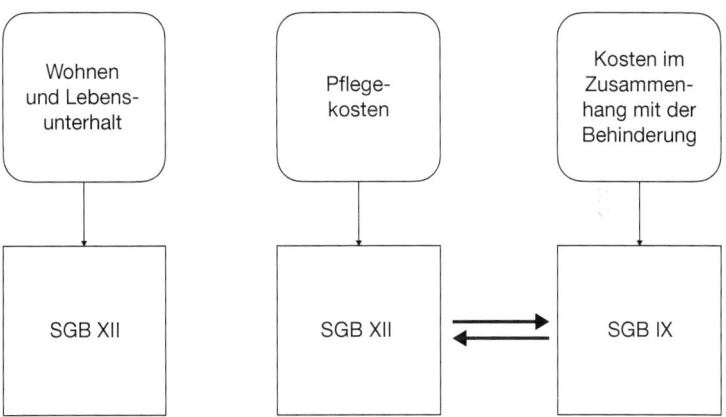

Abb. 5: Leistungen aus dem SGB XII und dem SGB IX können sich überschneiden.

Achtung: Sofern Leistungen der Grundsicherung (alternativ HLU) benötigt werden, bleibt es im Rahmen der Leistungen zur Absicherung des Lebensunterhalts bei den Voraussetzungen der Sozialhilfe. Das bedeutet, der Betroffenen kann nicht von den großzügigeren Regelungen der Eingliederungshilfe profitieren.

III. Pflegebedarf

Der sozialhilferechtliche Bedarf ist im Einzelfall anhand der konkreten Umstände zu bestimmen. Bei notwendiger Heimunterbringung bestimmen die Kosten für die Pflege den Bedarf. Ebenso bei Kosten eines ambulanten Pflegedienstes. Entscheidend ist jeweils der notwendige Bedarf. Das bedeutet sehr vereinfacht: notwendig ist das, was gebraucht wird.

Wann ist man pflegebedürftig im Sinne des SGB XII?
Darüber geben die §§ 61 a bis 62 SGB XII Auskunft. Entscheidend ist aber, dass der Sozialhilfeträger an die Entscheidung der Pflegekassen gem. § 62 a SGB XII gebunden ist.

Das bedeutet: sofern durch die Pflegekasse ein Pflegegrad festgestellt wurde, hat der Sozialhilfeträger diese Feststellung anzuerkennen und kann nicht davon abweichen.

§ 62a SGB XII Bindungswirkung
Die Entscheidung der Pflegekasse über den Pflegegrad ist für den Träger der Sozialhilfe bindend, soweit sie auf Tatsachen beruht, die bei beiden Entscheidungen zu berücksichtigen sind. Bei seiner Entscheidung kann sich der Träger der Sozialhilfe der Hilfe sachverständiger Dritter bedienen. Auf Anforderung unterstützt der Medizinische Dienst gemäß § 278 des Fünften Buches den Träger der Sozialhilfe bei seiner Entscheidung und erhält hierfür Kostenersatz, der zu vereinbaren ist.

IV. Einkommenseinsatz

Im Sozialhilferecht wird zwischen Einkommen und Vermögen unterschieden und im Hinblick auf Einsatz und Verwertung werden Einkommen und Vermögen anderen Regelungen unterworfen.

Einkommen ist alles, was einem während des Leistungsbezugs zufließt. **Vermögen** hingegen ist alles, was man in der Zeit des Leistungsbezugs bereits hat. Es kommt also entscheidend auf den Zeitpunkt des tatsächlichen Zuflusses des Wertes an.[49]

1. Einkommen

§ 82 SGB XII und die Verordnung zur Durchführung des § 82 SGB XII[50] regeln, was unter Einkommen im sozialhilferechtlichen Sinn zu verstehen ist. Zum Einkommen zählen grundsätzlich alle Einkünfte in Geld oder Geldeswert. Ob diese der Steuerpflicht unterliegen, ist ebensowenig relevant wie ein regelmäßiger Zufluss. Auch einmalige Einkünfte sind Einkommen im Sinne des SGB XII. Ebenso erfasst sind Mittel in Geldeswert. Das bedeutet auch Sacheinnahmen oder Rechte können als Einnahmen angesehen werden, wenn diese einen Marktwert haben.[51] Einnahmen werden für den Zeitraum berücksichtigt in dem sie zufließen.[52] Es gibt bestimmte Ausnahmen, die nicht als Einkommen gelten, wie etwa Schmerzensgeld oder Pflegegeld. Ein Einsatz des Einkommens darf in solchen Fällen nicht gefordert werden.

a) Bereinigtes Einkommen

Von dem festgestellten berücksichtigungsfähigen Einkommen werden in einem nächsten Schritt bestimmte Abzüge gemacht wie etwa Steuern, Sozialabgaben oder Beiträge zu Versicherungen. Beitragszahlungen sind zum Zeitpunkt der Fälligkeit zu berücksichtigen. Wurden vom Einkommen alle rechtlich möglichen Abzüge vorgenommen, spricht man von dem sogenanntem bereinigten Einkommen.

§ 82 Abs. 2 SGB XII regelt, welche Abzüge möglich sind:

---

49 vgl. § 152 SGB IX n. 15
50 DVO zu § 82 SGB XII
51 Doering-Striening, Sozialhilferegress bei Erbfall und Schenkung, § 3 Rn. 53
52 § 82 Abs. 7 SGB XII

82 Abs. 2 Freibetrag für Personen mit Grundrentenzeiten oder entsprechenden Zeiten aus anderweitigen Alterssicherungssystemen

(…)
(2) Von dem Einkommen sind abzusetzen
1. auf das Einkommen entrichtete Steuern,
2. Pflichtbeiträge zur Sozialversicherung einschließlich der Beiträge zur Arbeitsförderung,
3. Beiträge zu öffentlichen oder privaten Versicherungen oder ähnlichen Einrichtungen, soweit diese Beiträge gesetzlich vorgeschrieben oder nach Grund und Höhe angemessen sind, sowie geförderte Altersvorsorgebeiträge nach § 82 des Einkommensteuergesetzes, soweit sie den Mindesteigenbeitrag nach § 86 des Einkommensteuergesetzes nicht überschreiten, und
4. die mit der Erzielung des Einkommens verbundenen notwendigen Ausgaben. Erhält eine leistungsberechtigte Person, die das 25. Lebensjahr vollendet hat, aus einer Tätigkeit Bezüge oder Einnahmen, die als Taschengeld nach § 2 Nummer 4 des Bundesfreiwilligendienstgesetzes oder nach § 2 Absatz 1 Nummer 4 des Jugendfreiwilligendienstgesetzes gezahlt werden, ist abweichend von Satz 1 Nummer 2 bis 4 und den Absätzen 3 und 6 ein Betrag von bis zu 250 Euro monatlich nicht als Einkommen zu berücksichtigen. Soweit ein Betrag nach Satz 2 in Anspruch genommen wird, gelten die Beträge nach Absatz 3 Satz 1 zweiter Halbsatz und nach Absatz 6 Satz 1 zweiter Halbsatz insoweit als ausgeschöpft.

Konkret:
Bruttoeinkommen
– abzüglich nicht zu berücksichtigender Einnahmen
– abzüglich Abzugsposten
= **Bereinigtes Einkommen** (= Berücksichtigungsfähiges Einkommen)

b) Schulden

> **Achtung**: Schulden verringern das zur Bedarfsdeckung einzusetzende Einkommen grundsätzlich nicht! Denn es ist nicht Aufgabe der Sozialhilfe die Tilgung der Verbindlichkeiten des Hilfebedürftigen weiter zu ermöglichen.[53]

Schulden sind nur dann anzuerkennen, wenn der Betroffene tatsächlich das Einkommen aus Rechtsgründen nicht realisieren kann, weil z.B. bereits eine Pfändung des Einkommens läuft. In einem solchen Fall handelt es nämlich nicht um bereite Mittel. Eine weitere Ausnahme besteht im Falle einer Kostenbeitragsberechnung (siehe Kapitel F.IV.4.).

Waren die Ehegatten bis zum Eintritt der Pflegebedürftigkeit und dem Einzug eines Partners in ein Heim in der Lage ihren Grundsicherungsbedarf zu decken, können Schulden in angemessen Umfang berücksichtigt werden. Ziel ist es, die finanzielle Belastung des verbleibenden Partners zu begrenzen und eine drohende Verschuldung zu vermeiden.

c) Einkommensgrenze SGB XII

Das Sozialhilferecht legt eine Einkommensgrenze fest und unterscheidet zwischen dem Einsatz von Einkommen über und unter der Einkommensgrenze.

Geregelt ist diese Einkommensgrenze in § 85 SGB XII:

§ 85 Einkommensgrenze

(1) Bei der Hilfe nach dem Fünften bis Neunten Kapitel ist der nachfragenden Person und ihrem nicht getrennt lebenden Ehegatten oder Lebenspartner die Aufbringung der Mittel nicht zuzumuten, wenn während der Dauer des Bedarfs ihr monatliches Einkommen zusammen eine Einkommensgrenze nicht übersteigt, die sich ergibt aus

---

[53] BSG, v. 4.4.2019 – B8 SO 10/18 Bruttoeinkommen abzüglich nicht zu berücksichtigender Einnahmen abzüglich Abzugsposten = Berücksichtigungsfähiges Einkommen

1. einem Grundbetrag in Höhe des Zweifachen der Regelbedarfsstufe 1 nach der Anlage zu § 28,
2. den Aufwendungen für die Unterkunft, soweit diese den der Besonderheit des Einzelfalles angemessenen Umfang nicht übersteigen und
3. einem Familienzuschlag in Höhe des auf volle Euro aufgerundeten Betrages von 70 vom Hundert der Regelbedarfsstufe 1 nach der Anlage zu § 28 für den nicht getrennt lebenden Ehegatten oder Lebenspartner und für jede Person, die von der nachfragenden Person, ihrem nicht getrennt lebenden Ehegatten oder Lebenspartner überwiegend unterhalten worden ist oder für die sie nach der Entscheidung über die Erbringung der Sozialhilfe unterhaltspflichtig werden.

(…)

Diese Vorschrift ergänzt die weiteren Regelungen und legt fest, dass bei den genannten Hilfen, wie etwa der Hilfe zur Pflege, das Einkommen nur eingesetzt werden muss, soweit der Einkommenseinsatz zumutbar ist.

Achtung: Bei der Hilfe zum Lebensunterhalt und Grundsicherung im Alter und bei Erwerbsminderung muss der Betroffene sein gesamtes verwertbares Einkommen für seinen Lebensbedarf einsetzen.

2. Einkommen oberhalb der Einkommensgrenze

Der Einsatz von Einkommen über der Einkommensgrenze wird durch § 87 SGB XII geregelt. Es soll also sichergestellt werden, dass die Betroffenen in zumutbaren Umfang zur Deckung des eigenen Bedarfs beitragen, wobei besondere Lebensumstände und Belastungen berücksichtigt werden sollen.

Wenn das Einkommen die Grenze übersteigt, kann von dem Hilfebedürftigen verlangt werden, dass ein Teil des überschüssigen Einkommens für den eigenen Bedarf eingesetzt wird. Dabei wird geprüft, in welchem Umfang dies zumutbar ist. Insbesondere Dauer und Höhe der erforderlichen Aufwendungen, besondere Belastungen des Hilfsbedürftigen usw. werden diesbezüglich zur Prüfung herangezogen.

> Das übersteigende Einkommen darf nur in zumutbarem Umfang zur Bedarfsdeckung herangezogen werden. Bei Pflegegrad 4 oder 5 sowie bei blinden Menschen gilt eine Grenze von 60 %.

§ 87 Einsatz des Einkommens über der Einkommensgrenze

(1) Soweit das zu berücksichtigende Einkommen die Einkommensgrenze übersteigt, ist die Aufbringung der Mittel in angemessenem Umfang zuzumuten. Bei der Prüfung, welcher Umfang angemessen ist, sind insbesondere die Art des Bedarfs, die Art oder Schwere der Behinderung oder der Pflegebedürftigkeit, die Dauer und Höhe der erforderlichen Aufwendungen sowie besondere Belastungen der nachfragenden Person und ihrer unterhaltsberechtigten Angehörigen zu berücksichtigen. Bei Pflegebedürftigen der Pflegegrade 4 und 5 und blinden Menschen nach § 72 ist ein Einsatz des Einkommens über der Einkommensgrenze in Höhe von mindestens 60 vom Hundert nicht zuzumuten.

(2) Verliert die nachfragende Person durch den Eintritt eines Bedarfsfalles ihr Einkommen ganz oder teilweise und ist ihr Bedarf nur von kurzer Dauer, so kann die Aufbringung der Mittel auch aus dem Einkommen verlangt werden, das sie innerhalb eines angemessenen Zeitraumes nach dem Wegfall des Bedarfs erwirbt und das die Einkommensgrenze übersteigt, jedoch nur insoweit, als ihr ohne den Verlust des Einkommens die Aufbringung der Mittel zuzumuten gewesen wäre.

(3) Bei einmaligen Leistungen zur Beschaffung von Bedarfsgegenständen, deren Gebrauch für mindestens ein Jahr bestimmt ist, kann die Aufbringung der Mittel nach Maßgabe des Absatzes 1 auch aus dem Einkommen verlangt werden, das die in § 19 Abs. 3 genannten Personen innerhalb eines Zeitraumes von bis zu drei Monaten nach Ablauf des Monats, in dem über die Leistung entschieden worden ist, erwerben.

3. Einkommen unterhalb der Einkommensgrenze

Einkommen unter der Einkommensgrenze wird – außer bei den Leistungen zur Deckung des Lebensunterhalts – nur im Ausnahmefall herangezogen. Wichtig ist der Ausnahmefall bei einer **stationären Heimunterbringung.**

> **§ 88 SGB XII: Einsatz des Einkommens unter der Einkommensgrenze**
> (1) Die Aufbringung der Mittel kann, auch soweit das Einkommen unter der Einkommensgrenze liegt, verlangt werden,
> 1. soweit von einem anderen Leistungen für einen besonderen Zweck erbracht werden, für den sonst Sozialhilfe zu leisten wäre,
> 2. wenn zur Deckung des Bedarfs nur geringfügige Mittel erforderlich sind. Darüber hinaus soll in angemessenem Umfang die Aufbringung der Mittel verlangt werden, wenn eine Person für voraussichtlich längere Zeit Leistungen in einer stationären Einrichtung bedarf.
>
> (2) Bei einer stationären Leistung in einer stationären Einrichtung wird von dem Einkommen, das der Leistungsberechtigte aus einer entgeltlichen Beschäftigung erzielt, die Aufbringung der Mittel in Höhe von einem Achtel der Regelbedarfsstufe 1 nach der Anlage zu § 28 zuzüglich 50 vom Hundert des diesen Betrag übersteigenden Einkommens aus der Beschäftigung nicht verlangt. § 82 Absatz 3 und 6 ist nicht anzuwenden.

Hier regelt § 88 SGB XII, dass bei längerer Versorgung in einer stationären Einrichtung, der Einsatz des Einkommens unter der Einkommensgrenze verlangt werden soll. Der Gesetzgeber spricht hier von „soll". Insofern liegt ein Fall des sogenannten intendierten Ermessens vor. Der Heimbewohner hat demnach im Regelfall zur Deckung der Kosten generell sein gesamtes Einkommen bis auf einen Barbetrag zur persönlichen Verfügung einzusetzen.

> **Grundbarbetrag:** In stationären Einrichtungen erhält ein Leistungsbezieher den sogenannten Grundbarbetrag zur freien Verfügung. Dieser

soll dem Berechtigten die Befriedigung persönlicher Bedürfnisse des täglichen Lebens ermöglichen. Geregelt ist dies in § 27b Abs. 3 SGB XII:
(3) Der Barbetrag nach Absatz 2 steht für die Abdeckung von Bedarfen des notwendigen Lebensunterhalts nach § 27a Absatz 1 zur Verfügung, soweit diese nicht nach Absatz 1 von der stationären Einrichtung gedeckt werden.

4. Kostenbeitragsberechung – Der gebliebene Ehegatte

Es geht um Fälle, in denen ein Partner in eine vollstationäre Einrichtung aufgenommen werden muss, während der andere Partner in der häuslichen Umgebung verbleibt. Hier stellt sich die Frage, welcher Beitrag aus dem gemeinsamen Einkommen für die Heimunterbringung aufgebracht werden muss.

Es sind **zwei Situationen** zu unterscheiden:

1. Die Partner haben bereits vor Eintritt der Pflegebdürftigkeit Grundsicherung bezogen.
2. Die Partner werden erst durch die Pflegekosten hilfebdürftig.

Im ersten Fall, wenn also die Einsatzgemeinschaft bereits Grundsicherung bezog, bleibt jedem der Partner das eigene Einkommen und es werden künftig zwei getrennte Berechnungen für die Grundsicherung durchgeführt.

Besonders interessant ist der zweite Fall: Die **Betroffenen sind erst durch die zusätzlichen Kosten der Heimunterbringung** nicht mehr in der Lage die Lebenshaltungskosten zu decken. Die bisherige Lebenssituation des Partners ist durch den sogenannten Garantiebetrag zu berücksichtigen. Das zur Verfügung stehenden Einkommen darf nicht nur aufgrund der Pflegebedürftigkeit und der daraus nötigen Heimunterbringung auf Sozialhilfeniveau reduziert werden.

Ist eine Unterbringung nur kurzzeitig nötig, wird der Einkommenseinsatz auf die häusliche Ersparnis beschränkt, § 92 Abs. 1 SGB XII.

Wenn eine Versorgung voraussichtlich auf längere Zeit nötig ist, erfolgt ein Einkommenseinsatz gem. § 92 Abs. 2 SGB XII.

§ 92 Beschränkung des Einkommenseinsatzes auf die häusliche Ersparnis

(…)

(2) Darüber hinaus soll in angemessenem Umfang die Aufbringung der Mittel aus dem gemeinsamen Einkommen der leistungsberechtigten Person und ihres nicht getrennt lebenden Ehegatten oder Lebenspartners verlangt werden, wenn die leistungsberechtigte Person auf voraussichtlich längere Zeit Leistungen in einer stationären Einrichtung bedarf. Bei der Prüfung, welcher Umfang angemessen ist, ist auch der bisherigen Lebenssituation des im Haushalt verbliebenen, nicht getrennt lebenden Ehegatten oder Lebenspartners sowie der im Haushalt lebenden minderjährigen unverheirateten Kinder Rechnung zu tragen.

(3) Hat ein anderer als ein nach bürgerlichem Recht Unterhaltspflichtiger nach sonstigen Vorschriften Leistungen für denselben Zweck zu erbringen, wird seine Verpflichtung durch Absatz 2 nicht berührt. Soweit er solche Leistungen erbringt, kann abweichend von Absatz 2 von den in § 19 Absatz 3 genannten Personen die Aufbringung der Mittel verlangt werden.

5. Berechnungsbeispiele

Beispiel 1

Erna Muster lebt allein in einer Mietwohnung. Sie ist nicht verpartnert. Die Kosten der Unterkunft befinden sich im Rahmen der ortsüblichen Kosten. Sie verfügt als Einkommen nur über eine Regelaltersrente. Das berücksichtigungsfähige Einkommen beträgt 950 Euro.
Bei Erna wurde Pflegegrad 3 festgestellt. Die pflegerische Versorgung übernimmt ein ambulanter Pflegedienst. Die Kosten hierfür belaufen sich auf insgesamt 1.700 Euro.

IV. – Einkommenseinsatz

Zunächst ist der Grundsicherungsbedarf zu prüfen. Erfasst werden bei der Grundsicherung der Regelbedarf, Kosten für Unterkunft und Heizung (Kosten der Unterkunft, KdU) und Mehrbedarfe.

Daneben gibt es auch grundsätzlich die Möglichkeit für einmalige Sonderbedarfe.

Es gibt keine Hinweise für einen Mehr- oder Sonderbedarf.

Grundsicherung

Regelbedarf gem. §§ 41 ff. SGB XII	563 Euro
Kosten der Unterkunft gem. § 35 SGB XII	450 Euro
Kosten für Heizung und Warmwasser gem. § 35 SGB XII	80 Euro
	1093 Euro
– abzüglich Einkommen	950 Euro
Anspruch auf Grundsicherung	**143 Euro**

Es besteht Anspruch auf Grundsicherung in Höhe von 143 Euro.

Kosten der Pflege

Kosten Pflegesachleistung	1.700 Euro
– abzüglich Leistungen der Pflegeversicherung (PG 3)	1.432 Euro
Anspruch auf Hilfe zur Pflege	**268 Euro**

Über Einkommen über der Einkommensgrenze verfügt Erna nicht, es besteht somit Anspruch auf Hilfe zur Pflege in Höhe von 268 Euro.

Beispiel 2

In der Fallvariante verfügt Erna über ein höheres Einkommen aus ihrer Altersrente, während alle übrigen Rahmenbedingungen unverändert bleiben: Erna Muster lebt allein in einer Mietwohnung. Sie ist nicht verpartnert. Die Kosten der Unterkunft befinden sich im Rahmen der ortsüblichen Kosten. Sie verfügt nur über eine Regelaltersrente. Das berücksichtigungsfähige Einkommen beträgt 1950 Euro. Bei Erna wurde

Pflegegrad 3 festgestellt. Die pflegerische Versorgung übernimmt ein ambulanter Pflegedienst. Die Kosten hierfür belaufen sich auf insgesamt 1.700 Euro.

Grundsicherung

Regelbedarf gem. §§ 41 ff. SGB XII	563 Euro
Kosten der Unterkunft gem. § 35 SGB XII	450 Euro
Kosten für Heizung und Warmwasser gem. § 35 SGB XII	80 Euro
	1.093 Euro
– abzüglich Einkommen	1.750 Euro
Anspruch auf Grundsicherung	**0 Euro**

Es besteht kein Anspruch auf Grundsicherung. Vielmehr übersteigt das Einkommen den Grundsicherungsbedarf um 857 Euro.

In einem nächsten Schritt ist zu prüfen, ob Einkommen über der Einkommensgrenze vorhanden ist:

Einkommensgrenze – Grundbetrag in Höhe des Zweifachen Regelbedarfs	1.126 Euro
Kosten der Unterkunft gem. § 35 SGB XII	450 Euro
Kosten für Heizung und Warmwasser gem. § 35 SGB XII	80 Euro
– abzüglich Einkommen	1.750 Euro
Einkommen über der Einkommensgrenze	94 Euro

Das über der Einkommensgrenze liegende Einkommen beträgt 94 Euro und kann anteilig zur Deckung der Pflegekosten herangezogen werden.

Kosten der Pflege

Kosten Pflegesachleistung	1.700 Euro
– abzüglich Leistung der Pflegeversicherung	1.432 Euro
Anspruch auf Hilfe zur Pflege	**268 Euro**

Es besteht in diesem Fall auch grundsätzlich Anspruch auf Hilfe zur Pflege in Höhe von 268 Euro. Allerdings wird nun vom Sozialhilfeträger geprüft, ob Erna noch anteilig einen Betrag leisten muss. Maximal stehen hierfür 94 Euro zur Verfügung.

Beispiel 3

Erna und Hans Muster sind verheiratet. Sie bewohnen eine gemeinsame Mietwohnung. Die Kosten hierfür belaufen sich auf 800 Euro Warmmiete. Es kommen zusätzliche Kosten in Höhe von ca. 200 Euro monatlich für Nebenkosten und 100 Euro für Versicherungen von Hans hinzu. Zudem zahlt Erna einen Verbraucherkredit in Höhe von 100 Euro monatlich zurück.

Die Einkommenssituation stellt sich dar wie folgt: Hans verfügt über eine Altersrente in Höhe von 1.500 Euro und und Erna von 1.300 Euro.

Hans Muster wird pflegebedürftig und muss dauerhaft vollstationär in einem Heim versorgt werden. Erna bleibt weiterhin in der Wohnung zur Miete.

Da die beiden bis zum Einzug ins Heim keinen Anspruch auf Grundsicherung hatten, stehen die gesamten Renteneinkünfte weiterhin Erna grundsätzlich zur Verfügung.

Das gemeinsame Nettoeinkommen beträgt 2.800 Euro. In einem nächsten Schritt wird dieses im Hinblick auf die Versicherungszahlungen in Höhe von 100 Euro bereinigt.

Die Darlehensbelastung kann hier ausnahmsweise berücksichtigt werden, da es sich um eine Kostenbeitragsituation handelt. Die Ehegatten waren bis zum Eintritt der Pflegebedürftigkeit und dem Einzug eines Partners in ein Heim in der Lage ihren Grundsicherungsbedarf zu decken, daher können Schulden in angemessen Umfang berücksichtigt werden. Der Partner zuhause soll nicht in die Insolvenz gezwungen werden.

Es bleibt daher ein bereinigtes Einkommen i. H. v. 2.600 Euro übrig.

Bereinigtes Gesamteinkommen Hans	1.400 Euro
Bereinigtes Gesamteinkommen Erna	1.200 Euro
Bereinigtes Gesamteinkommen	2.600 Euro

Lebensunterhalt von Erna

Regelbedarf gem. §§ 31 ff. SGB	563 Euro
Kosten der Unterkunft gem. § 35 SGB XII	800 Euro
Kosten für Heizung und Warmwasser gem. § 35 SGB XII	200 Euro
	1.563 Euro

Berechnung Garantiebetrag

Bereinigtes Gesamteinkommen	2600 Euro
– abzüglich Lebensunterhalt von Erna	- 1563 Euro
– abzüglich häusliche Ersparnis	- 360 Euro
Zwischenergebnis	**677 Euro**
Anteiliger Betrag	388,50 Euro
Garantiebetrag	**1563 Euro + 388,50 Euro = 1901,50 Euro**

Nach Abzug des Garantiebetrags muss eine Kostenbeitrag in Höhe von 698,50 Euro für die stationäre Versorgung aus dem Einkommen gezahlt werden (Bereinigtes Einkommen 2600 Euro – Garantiebetrag 1901,50 Euro).

V. Vermögenseinsatz

In § 90 SGB XII ist der Einsatz von Vermögen bei Sozialhilfebezug geregelt. Grundsätzlich gilt, dass Personen ihr verwertbares Vermögen einsetzen müssen, bevor staatliche Hilfe gewährt werden kann. Dabei sind jedoch bestimmte Vermögenswerte von der Verwertungspflicht ausgenommen. In diesem Zusammenhang spricht man von **Schonvermögen**.

Verschaffen wir uns zunächst anhand einer Darstellung einen Überblick:

V. – Vermögenseinsatz

Abb. 6: Arten von Vermögenswerten

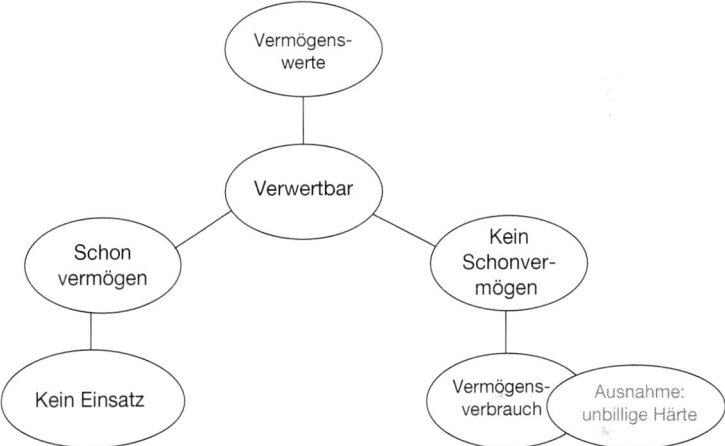

Abb. 7: Verwertbare Vermögenswerte sind einzusetzen.

Zunächst bestimmt § 90 Abs. 1 SGB, dass das gesamte verwertbare Vermögen eingesetzt werden muss:

§ 90 Einzusetzendes Vermögen
(1) Einzusetzen ist das gesamte verwertbare Vermögen.
Vermögen im Sinne des SGB XII ist jeder Vermögenswert in Geld oder Geldwert (z. B. Lebensversicherungen, Sachwerte wie ein Grundstück oder sonstige Werte, wie etwa Schmuck), der bereits zu Beginn des ersten Bedarfszeitraumes vorhanden ist.

1. Verwertbares Vermögen

Das Vermögen muss als verwertbar eingestuft werden. Das ist der Fall, wenn es für den Lebensunterhalt verbraucht, übertragen, belastet oder veräußert werden kann.[54] Eine Unverwertbarkeit kann sich aus unterschiedlichen Gründen ergeben:

- Zum einen kann Vermögen aus tatsächlichen Gründen nicht verwertbar sein, zum Beispiel weil sich kein Käufer auf dem Markt dafür finden lässt (Marktgängigkeit). Die Rechtsprechung geht von einem Prognosezeitraum von 12 Monaten aus. Lässt sich innerhalb dieser Zeitspanne voraussichtlich kein Käufer auf dem allgemeinen Markt finden, gilt der Vermögenswert als unverwertbar.
- Nicht verwertbar kann ein Vermögenswert darüber hinaus aus rechtlichen Gründen sein, weil der Eigentümer z. B. aus Rechtsgründen daran gehindert ist, über sein Eigentum uneingeschränkt zu verfügen und die Aufhebung der Beschränkung nicht erreichen kann.

Beispiel:
Der nicht befreite Vorerbe und die geerbte Immobilie:
Die Vor- und Nacherbschaft ist in den §§ 2100 ff. BGB geregelt. Der Vorerbe darf das Erbe nutzen und verwalten, ist jedoch in der Verfügung über Immobilien rechtlich eingeschränkt, um die Rechte des Nacherben zu wahren. Ist ein Eigentümer einer solchen Regelung unterworfen, kann er eine Immobilie z. B. nicht rechtsgültig veräußern.

§ 2113 BGB: Verfügungen über Grundstücke, Schiffe und Schiffsbauwerke; Schenkungen

(1) Die Verfügung des Vorerben über ein zur Erbschaft gehörendes Grundstück oder Recht an einem Grundstück oder über ein zur Erbschaft gehörendes eingetragenes Schiff oder Schiffsbauwerk ist im Falle des Eintritts der Nacherbfolge insoweit unwirksam, als sie das Recht des Nacherben vereiteln oder beeinträchtigen würde.

---

54 BSG, v. 4.4.2019 – B8 SO 10/18 Bruttoeinkommen abzüglich nicht zu berücksichtigender Einnahmen abzüglich Abzugsposten = Berücksichtigungsfähiges Einkommen v. 6.9.2007 – B14/7b AS 66/06 R

(2) Das Gleiche gilt von der Verfügung über einen Erbschaftsgegenstand, die unentgeltlich oder zum Zwecke der Erfüllung eines von dem Vorerben erteilten Schenkungsversprechens erfolgt. Ausgenommen sind Schenkungen, durch die einer sittlichen Pflicht oder einer auf den Anstand zu nehmenden Rücksicht entsprochen wird.
(...)

2. Schonvermögen

Bestimmte verwertbare Vermögenswerte sind geschützt und müssen nicht eingesetzt werden. Diese Vermögenswerte, die zum Schonvermögen zählen, legt § 90 Abs. 2SGB XII fest.

§ 91 Darlehen
(...)
(2) Die Sozialhilfe darf nicht abhängig gemacht werden vom Einsatz oder von der Verwertung
1. eines Vermögens, das aus öffentlichen Mitteln zum Aufbau oder zur Sicherung einer Lebensgrundlage oder zur Gründung eines Hausstandes erbracht wird,
2. eines nach § 10a oder Abschnitt XI des Einkommensteuergesetzes geförderten Altersvorsorgevermögens im Sinne des § 92 des Einkommensteuergesetzes; dies gilt auch für das in der Auszahlungsphase insgesamt zur Verfügung stehende Kapital, soweit die Auszahlung als monatliche oder als sonstige regelmäßige Leistung im Sinne von § 82 Absatz 5 Satz 3 erfolgt; für diese Auszahlungen ist § 82 Absatz 4 und 5 anzuwenden,
3. eines sonstigen Vermögens, solange es nachweislich zur baldigen Beschaffung oder Erhaltung eines Hausgrundstücks im Sinne der Nummer 8 bestimmt ist, soweit dieses Wohnzwecken von Menschen mit einer wesentlichen Behinderung oder einer drohenden wesentlichen Behinderung (§ 99 Absatz 1 und 2 des Neunten Buches) oder von blinden Menschen (§ 72) oder pflegebedürftigen Menschen (§ 61) dient oder dienen soll und dieser

Zweck durch den Einsatz oder die Verwertung des Vermögens gefährdet würde,
4. eines angemessenen Hausrats; dabei sind die bisherigen Lebensverhältnisse der nachfragenden Person zu berücksichtigen,
5. von Gegenständen, die zur Aufnahme oder Fortsetzung der Berufsausbildung oder der Erwerbstätigkeit unentbehrlich sind,
6. von Familien- und Erbstücken, deren Veräußerung für die nachfragende Person oder ihre Familie eine besondere Härte bedeuten würde,
7. von Gegenständen, die zur Befriedigung geistiger, insbesondere wissenschaftlicher oder künstlerischer Bedürfnisse dienen und deren Besitz nicht Luxus ist,
8. eines angemessenen Hausgrundstücks, das von der nachfragenden Person oder einer anderen in den § 19 Abs. 1 bis 3 genannten Person allein oder zusammen mit Angehörigen ganz oder teilweise bewohnt wird und nach ihrem Tod von ihren Angehörigen bewohnt werden soll. Die Angemessenheit bestimmt sich nach der Zahl der Bewohner, dem Wohnbedarf (zum Beispiel behinderter, blinder oder pflegebedürftiger Menschen), der Grundstücksgröße, der Hausgröße, dem Zuschnitt und der Ausstattung des Wohngebäudes sowie dem Wert des Grundstücks einschließlich des Wohngebäudes,
9. kleinerer Barbeträge oder sonstiger Geldwerte; dabei ist eine besondere Notlage der nachfragenden Person zu berücksichtigen,
10. eines angemessenen Kraftfahrzeuges.

Zu den wichtigsten Vermögenswerten, die nicht verwertet werden müssen:

- **Staatlich geförderte Altersvorsorge:** Das bestehende Vermögen einschließlich seiner Erträge aus sogenannten „privaten Riester-Renten" ist während der Ansparphase vor dem Einsatz als Vermögen geschützt.
- **Grundfreibetrag:** Kleinere Barbeträge und sonstige Geldwerte müssen nicht verwertet werden. Derzeit liegt der Vermögensfreibetrag bei 10.000 Euro für Alleinstehende und bei 20.000 Euro für Verhei-

ratete oder verpartnerte Personen. Diese Beträge werden durch eine entsprechende Verordnung festgesetzt[55] und können sich ändern.

- **Angemessenes Kraftfahrzeug:** Durch das Bürgergeld-Gesetz wurde der Schutz eines angemessenen PKWs ermöglicht. Eine exakte Wertgrenze für die Annahme eines angemessen Kraftfahrzeugs wurde jedoch nicht mit in die gesetzliche Regelung aufgenommen. Nach den bisherigen Entscheidungen kann ein PKW bis zu einem Verkehrswert bis zu 7.500 Euro als angemessen angesehen werden.[56]
- **Angemessene Immobilie:** Ein angemessenes Hausgrundstück, das von der pflegebedürftigen Person oder deren Partner oder minderjährigen Kindern bewohnt wird, muss nicht verwertet werden. Ob eine Immobilie als angemessen angesehen wird, hängt von einer individuellen Prüfung des Einzelfalls ab. Bei der Prüfung werden viele Faktoren herangezogen. Es gilt die sogenannten Kombinationstheorie. Diese dient der Bewertung der Immobilie und kombiniert die Kriterien, die herangezogen werden. Relevant sind zum Beispiel die Grundstücksfläche und Wohnfläche. Diese stehen jeweils in Relation zum Wohnbedarf eines Betroffenen und der Anzahl der Bewohner. So kann sich die als angemessen betrachtete Wohnfläche aufgrund der Notwendigkeit der Benutzung eines Rollstuhls erhöhen.[57] Zudem kommen weitere Kriterien wie der Verkehrswert einer Immobilen als Bewertungsmaßstab zum Tragen. Das Bundessozialgericht zieht bei der Beurteilung der Frage der Angemessenheit im Hinblick auf die Wohnfläche die Wohnflächengrenzen des § 39 WoBauG heran[58].

	qm Person	qm 3 Personen	qm 4 Personen
Eigentumswohnung	80 qm	100 qm	120 qm
Einfamilienhaus	90 qm	110 qm	130 qm

55 In Höhe der in § 1 der DVO zu § 90 Abs. 2 Nr. 9 SGB XII geregelten Beträge
56 BSG, v. 6.9.2007 – B 14/7b AS 66/06 R
57 BSG, v. 23.8.2013 – B 8 SO 24/11
58 BSG, v. 7.11.2006

- Ebenso sind die **Grundstücksflächen** bei der Beurteilung der Angemessenheit eine relevante Größe. Grundsätzlich werden bei einem Einfamilienhaus bis zu 500 qm als angemessen betrachtet. Überschreitungen sind möglich.

- Bezüglich des **Verkehrswerts** ist entscheidend, ob sich der Verkehrswert der Immobilien im unteren Bereich der Verkehrswerte von Vergleichsobjekten am Wohnort bewegt.[59]

Sollte ein Kriterium als unangemessen eingestuft werden, führt dies aber nicht ohne Weiteres zur Beurteilung der Immobilie als unangemessen.[60] Es besteht ein Spielraum bei der Bewertung.

> **Achtung:** Nur ein angemessenes Hausgrundstück, das von der pflegebedürftigen Person oder deren Partner oder minderjährigen Kinder bewohnt wird, ist geschützt.

> **Beispiel:**
> Max Muster ist verwitwet und bewohnt alleine die in seinem Alleineigentum stehende Immobilie. Diese ist nach allen Kriterien als angemessen einzustufen. Weder Wohn- oder Grundstücksflächen noch der Verkehrswert befinden sich außerhalb der Angemessenheitsgrenzen. Nachdem er pflegebedürftige geworden ist, wird er einige Jahre zuhause von einem Pflegedienst versorgt und muss für die Pflegekosten Sozialhilfe beantragen. Seinen Grundsicherungsbedarf konnte und kann er aus eigenen Mitteln tragen.
> Er verfügt über ein Renteneinkommen, mit dem er seinen Grundsicherungsbedarf decken kann. Abgesehen von der Immobilie hat er kein Vermögen über 10.000 Euro. Er erhält daher – und zwar als Zuschuss – Sozialhilfe. Das Haus wird nicht als verwertbarer Vermögenswert betrachtet, da er es bewohnt und die Immobilie angemessen ist. Nun muss er aufgrund des gestiegenen Pflegebedarfs in ein Pflegeheim einziehen.

---

59 BVerwG v. 17.1.1991– 5 C 53/86
60 BSG, v. 19.5.2009 – B 8 SO7/08

Mit seinem Umzug wird die Immobilie nun von einem geschützten Vermögenswert zu verwertbarem Vermögen.
Sozialhilfe als Zuschuss kann Max nun nicht mehr beziehen. Das beutetet, die Gewährung von Sozialhilfe wird mit Wirkung für die Zukunft aufgehoben.
Max könnte allenfalls ein Darlehen bis zur Verwertung der Immobilie beziehen. Ob die Voraussetzungen hierfür gegeben sind, muss in einem Verwaltungsverfahren geprüft werden.

3. Härtefallregelung

Um unbillige Härten im Zusammenhang mit der Verwertung von Vermögen zu vermeiden, hat der Gesetzgeber mit § 90 Abs. 3 SGB XII zusätzlich eine Regelung geschaffen, um Vermögen in Ausnahmefällen aus der Verwertung auszunehmen zu können.

§ 90 Abs. 3 Einzusetzendes Vermögen

(...)

(3) Die Sozialhilfe darf ferner nicht vom Einsatz oder von der Verwertung eines Vermögens abhängig gemacht werden, soweit dies für den, der das Vermögen einzusetzen hat, und für seine unterhaltsberechtigten Angehörigen eine Härte bedeuten würde. Dies ist bei der Leistung nach dem Fünften bis Neunten Kapitel insbesondere der Fall, soweit eine angemessene Lebensführung oder die Aufrechterhaltung einer angemessenen Alterssicherung wesentlich erschwert würde.

Die Verwertung eines Vermögensgegenstandes ist ausgeschlossen, wenn sie eine besondere Härte für den Leistungsberechtigten darstellen würde. Die Anforderungen sind hoch und setzen stets eine sorgfältige Prüfung der individuellen Umstände voraus.

Achtung: Es bleibt bei dem Grundsatz, dass Vermögen in Notzeiten eingesetzt werden muss.

So bestätigte z. B. das Landessozialgericht NRW, dass weder die Tatsache, dass es sich um das Elternhaus handelt noch eine Suizidgefahr des Betroffenen die Annahme eine besonderen Härte rechtfertigt.[61] In Bezug auf die Suizidgefahr führte das Gericht in seiner Begründung aus:

> „Einer Suizidgefährdung wäre vielmehr ggf. durch Hilfsmaßnahmen zu begegnen, die allgemein in solchen Situationen bereitstehen (etwa Maßnahmen nach dem PsychKG oder sonstige psychiatrische bzw. medizinische Intervention)".

Im Einzelfall kann eine völlig unwirtschaftliche Verwertung eine besondere Härte begründen. Eine **unwirtschaftliche Verwertung** würde vorliegen, wenn zwischen den Anschaffungskosten und dem derzeit zu erzielendem Erlös ein erhebliches Missverhältnis besteht.

4. Vorrangige Ansprüche

Vorrangige Ansprüche sind Ansprüche auf Leistungen oder Zahlungen, die vorrangig vor der Gewährung von Sozialhilfe geltend gemacht werden müssen. Bestehen also beim Hilfebedürftigen Ansprüche gegenüber Dritten, müssen diese vorrangig realisiert werden. Sozialhilfe kann als letzte Option nur gewährt werden, wenn der Hilfebedarf nicht durch andere Ansprüche gedeckt werden kann. Dies legt der **Nachranggrundsatz** fest (siehe Kapitel E.II.).

Es gibt zahlreiche mögliche Ansprüche, die hier in Frage kommen. Von besonderer Praxisrelevanz sind die nachfolgenden.

a) Schenkungsrückforderungsanspruch

Der Schenkungsrückforderungsanspruch nach dem Bürgerlichen Gesetzbuch (BGB) regelt, dass ein Schenker unter bestimmten Umständen eine bereits vollzogene Schenkung zurückfordern kann, wenn er nicht mehr in der Lage ist, den eigenen angemessen Unterhalt oder den Unterhalt von gesetzlich unterhaltsberechtigten Personen zu gewährleisten.

---

61 LSG Nordrhein-Westfalen, v. 13.10.2014 – L 20 SO. 20/13

Der Anspruch zielt auf die Existenzsicherung des Schenkers und soll sicherstellen, dass dieser seiner Unterhaltsverpflichtung nachkommen kann.

> Eine Schenkung liegt vor, wenn eine unentgeltliche Zuwendung erfolgt und dadurch der Beschenkte bereichert wird, § 516 BGB (Begriff der Schenkung). Beide, Schenker und Beschenkter, müssen sich darüber einige sein, dass die Zuwendung unentgeltlich ist.

Geregelt ist der Rückforderungsanspruch in § 528 BGB:

> **§ 528 Rückforderung wegen Verarmung des Schenkers**
> (1) Soweit der Schenker nach der Vollziehung der Schenkung außerstande ist, seinen angemessenen Unterhalt zu bestreiten und die ihm seinen Verwandten, seinem Ehegatten, seinem Lebenspartner oder seinem früheren Ehegatten oder Lebenspartner gegenüber gesetzlich obliegende Unterhaltspflicht zu erfüllen, kann er von dem Beschenkten die Herausgabe des Geschenkes nach den Vorschriften über die Herausgabe einer ungerechtfertigten Bereicherung fordern. Der Beschenkte kann die Herausgabe durch Zahlung des für den Unterhalt erforderlichen Betrags abwenden. (…)
> (2) Unter mehreren Beschenkten haftet der früher Beschenkte nur insoweit, als der später Beschenkte nicht verpflichtet ist.

aa) Pflicht- und Anstandsschenkungen

Allerdings gibt es verschiedene Gründe, warum ein **Rückforderungsanspruch** im Einzelfall **ausgeschlossen** sein kann. So können zum Beispiel Pflicht- und Anstandsschenkungen nicht zurückgefordert werden. Die Grundlage für Pflicht- und Anstandsschenkungen findet sich in § 534 BGB:

> **§ 534 Pflicht- und Anstandsschenkungen**
> Schenkungen, durch die einer sittlichen Pflicht oder einer auf den Anstand zu nehmenden Rücksicht entsprochen wird, unterliegen nicht der Rückforderung und dem Widerruf.

Von einer Anstandsschenkung spricht man, wenn der Schenker diese Schenkung nicht hätte unterlassen können, ohne dass er an Achtung und Ansehen verloren hätte.[62] Üblicherweise sind dies zum Beispiel Geburtstags- oder Hochzeitsgeschenke unter nahen Verwandten. Umfasst werden in der Regel nur kleinere Geschenke.[63]

Die Hürden für die Annahme von **Pflichtgeschenken** sind indes sehr hoch. Es kommt entscheidend darauf an, dass die Schenkung aufgrund der besonderen Umstände des Einzelfalls sittlich geboten ist. So hat der BGH im Zusammenhang mit erbrachter Pflegeleistung entschieden, dass eine Pflichtschenkung nur deshalb anzunehmen war, weil die Pflegeleistung unter großen persönlichen Opfern erbracht worden war und der Pflegende deshalb sogar in eine Notlage geraten war.[64]

> Darüber hinaus steht dem Beschenkten die **Einrede gem. § 529 BGB** zu. Eine Einrede ist ein rechtliches Verteidigungsmittel, dass es ermöglicht die Durchsetzung eines Anspruchs zu verhindern. Obwohl der geltend gemachte Anspruch besteht, ist dieser nicht durchsetzbar. Die Einrede muss ausdrücklich geltend gemacht werden, da sie nicht automatisch vom Gericht berücksichtigt wird.

bb) Zehnjahresfrist bei Schenkung

Während einer Dauer von insgesamt zehn Jahren besteht grundsätzlich die Möglichkeit, einen Rückforderungsanspruch wegen Verarmung geltend zu machen. Eine Rückforderung ist dann ausgeschlossen, wenn seit dem Vollzug der Schenkung zehn Jahre vergangen sind.

Diese **Frist beginnt** mit Vollzug der Schenkung; bei der Schenkung einer Immobilie genügt nach einer Entscheidung des BGH, dass nach Abschluss des Schenkungsvertrags ein Antrag auf Eintrag der Rechtsänderung beim Grundbuchamt gestellt wurde.[65]

---

62 BGH, v. 19.9.1980 – VZR/78/79
63 BGH, v. 7.3.1984 – IVaZR 152/82
64 BGH, v. 7.3.1984 – IVaZR 152/82
65 BGH, Urt. v. 19.7.2011 – X ZR 140/10

> **Achtung:** Sofern eine notarielle Rückforderungsklausel vereinbart wurde, kann das Rückforderungsrecht auch nach Ablauf der zehn Jahre geltend gemacht werden.

Kann der fehlende Betrag bis zum Ablauf der Zehnjahresfrist durch den Beschenkten bezahlt werden, damit der Schenker nach Ablauf der Frist Sozialhilfe erfolgreich beantragen kann?

Hier ist Vorsicht geboten: Denn bei der Entstehung des Rückforderungsanspruch wegen Verarmung kommt es auf den Eintritt der Bedürftigkeit an. Dieser ist gegeben, wenn der Schenker seinen Lebensunterhalt nicht mehr aus eigenen Mitteln bestreiten kann. Durch die Zahlungen des Beschenkten wird der Eintritt der Bedürftigkeit nicht verhindert, vielmehr kann man darin bereits die Erfüllung des Rückforderungsanspruchs sehen.

cc) Ausschluss wegen Bedürftigkeit des Beschenkten

Ein Beschenkter muss eine erhaltene Schenkung grundsätzlich zurückgeben, wenn die schenkende Person später verarmt und auf Sozialhilfe angewiesen ist (§ 528 BGB). Es gibt jedoch eine wichtige Ausnahme:

Die Rückgabe kann verweigert werden, wenn sie dazu führen würde, dass der Beschenkte seinen angemessenen Lebensunterhalt nicht mehr bestreiten kann oder seinen eigenen Unterhaltspflichten gegenüber anderen nicht mehr nachkommen könnte (§ 529 Abs. 2 BGB).

In der Vergangenheit wurde zur Orientierung oft ein monatlicher Selbstbehalt von rund 2.000 Euro für Alleinstehende angesetzt. Das war allerdings nur ein Richtwert – keine feste Grenze.

Wichtig: Die im Angehörigen-Entlastungsgesetz (§ 94 Abs. 1a SGB XII) eingeführte Einkommensgrenze von 100.000 Euro betrifft ausschließlich die Frage, ob Kinder zum Unterhalt für ihre pflegebedürftigen Eltern herangezogen werden – nicht aber die Rückforderung von Schenkungen durch das Sozialamt.

Das hat auch der Bundesgerichtshof im Jahr 2024 ausdrücklich bestätigt (Urt. v. 16.4.2024 – X ZR 14/23).

Für die Praxis bedeutet das: Ob eine Schenkung zurückgegeben werden muss, hängt weiterhin vom Einzelfall ab – insbesondere von den finanziellen Verhältnissen des Beschenkten, seinen Lebenshaltungskosten und eventuellen Unterhaltspflichten.

Der Beschenkte muss gegebenenfalls auch den Stamm seines Geschenkes einsetzen, um den Rückforderungsanspruch zu erfüllen.[66] Eine Rückgabe aus dem sonstigen Eigenvermögen ist jedoch nur insoweit erforderlich, wie der Beschenkte durch das Geschenk noch bereichert ist (§ 818 Abs. 3 BGB).

Nicht möglich ist ein Schenkungsrückforderungsanspruch, wenn der Schenker die eigenen **Bedürftigkeit vorsätzlich oder zumindest grob fahrlässig herbeigeführt** hat (§ 529 Abs. 1 BGB).

Die **Herausgabe des Geschenkes** richtet sich nach den Vorschriften des Bereicherungsrechts (§§ 812 ff. BGB). Grundsätzlich ist im Bereicherungsrecht der ursprüngliche Vermögenswert herauszugeben. Ist die Sache nicht mehr vorhanden, tritt an ihre Stelle im Grundsatz ein Wertersatz, wenn der Beschenkte noch bereichert ist.

In diesem Zusammenhang können zum Beispiel eigene **Aufwendungen des Beschenkten** im Zusammenhang mit dem Geschenk abzugsfähig sein.[67] Wird nun der Beschenkte mit dem Schenkungsrückforderunganspruch konfrontiert, muss er das Geschenk grundsätzlich zurückgeben. Dies ist allerdings begrenzt auf den Anteil, den der Schenker benötigt, um seinen angemessen Lebensunterhalt zu decken.

> **Beispiel:**
> Erna hat ihr Haus an ihren Sohn übertragen. Noch innerhalb von zehn Jahren muss sie aufgrund ihrer Pflegebedürftigkeit in einem Heim aufgenommen werden und muss dort auch dauerhaft verbleiben. Sie hat weder genug Einkommen noch Vermögen um die Kosten und den Eigenanteil zu decken. Der Sozialhilfeträger springt ein.

---

66 BGH, Urt. v. 15.1.2002 – X ZR 77/00
67 Doering-Striening, Sozialhilferegress bei Erbfall und Schenkung, § 12 Rn. 175

Da die Schenkung noch keine zehn Jahre zurückliegt, kann der Sozialhilfeträger nach § 528 BGB verlangen, dass der Sohn die Schenkung ganz oder teilweise zurückerstattet – in Höhe der aufgewendeten Hilfeleistungen.
Der Sohn muss das Haus dabei nicht zwingend herausgeben oder verkaufen. Er kann den Rückforderungsanspruch auch dadurch erfüllen, dass er die offenen Heimkosten seiner Mutter regelmäßig übernimmt. Diese Zahlungen gelten dann als Ersatz für die Rückgabe der Schenkung und sind so lange zu leisten, bis der Wert des geschenkten Hauses ausgeglichen ist.

Wurden **mehrere Personen beschenkt**, haftet der zuletzt Beschenkte als erstes. Dies regelt § 528 Abs. 2 BGB:

(2) Unter mehreren Beschenkten haftet der früher Beschenkte nur insoweit, als der später Beschenkte nicht verpflichtet ist.

Gleichzeitig Beschenkte haften als Gesamtschuldner, also gleichzeitig.

Beispiel: Das gelöschte Wohnrecht
Erna übertrug vor 20 Jahren das in ihrem Alleineigentum stehende Haus an ihren Sohn und ließ sich ein lebenslanges Wohnrecht einräumen. Kurz vor dem Umzug in ein Pflegeheim verzichtet Erna auf das Wohnrecht und lässt es im Grundbuch löschen. Einen Ersatz hat sie hierfür nicht bekommen. Hier ist Vorsicht geboten. Denn ein ersatzloser Verzicht auf ein Wohnungsrecht kann auch dann eine Schenkung darstellen, wenn der Betroffene im Zeitpunkt des Wegzugs an der Ausübung des Wohnungsrechts dauerhaft gehindert ist. Durch den Wegfall des Wohnungsrechts erhöht sich nun der Verkehrswert der Immobilie und darin liegt der Wert der Schenkung.

Der Verkehrswert kann sich erheblich erhöhen! Denn durch das Wohnrecht kann der Eigentümer die Immobilie nicht frei nutzen oder verwerten.

dd) Muss der Betroffene den Schenkungsrückforderunganspruch selbst geltend machen?

Grundsätzlich muss der Schenker den Rückforderungsanspruch selbst geltend machen. Die Weigerung dies zu tun, kann im Einzelfall einen Sozialhilfeanspruch des Schenkers ausschließen. Der Sozialhilfeträger kann jedoch den Anspruch auf sich überleiten und diesen dann selbst fordern und ggf. gerichtlich durchsetzen lassen. Dies ist in § 93 Abs. 1 S SGB XII geregelt. Voraussetzung hierfür ist eine sogenannte Überleitungsanzeige, d. h. eine schriftliche Anzeige des zuständigen Sozialhilfeträgers, dass der entsprechende Anspruch bis zur Höhe der Aufwendungen des Sozialhilfeträger auf diesen übergeht, und so einen Gläubigerwechsel herbeiführt.

> **Achtung:** Es können grundsätzlich alle bürgerlich-rechtlichen und öffentlich-rechtlichen Ansprüche übergeleitet werden. Für Unterhaltsansprüche nach bürgerlichem Recht gilt § 94 SGB XII. Unterhaltsansprüche gehen grundsätzlich Kraft Gesetzes über, eine Überleitungsanzeige ist in diesen Fällen nicht notwendig.

b) (Ersatz-) Ansprüche aus einem Übergabevertrag/ Überlassungsvertrag

Von einem Überlassungs- oder Übergabevertrag spricht man, wenn der Eigentümer der Immobilie (der Überlasser) einem anderen (dem Übernehmer) das Eigentum am bebauten Grundstück überlässt. Relevant sind hier Fälle von Übergabe/Überlassung von Wohneigentum oder von Betrieben. Gründe für eine Überlassung können vielfältig sein, wie etwa eine Grundstücksübertragung zur Vorwegnahme der Erbfolge oder Wunsch nach einer Versorgung.

Im Grundsatz handelt es dabei um eine Schenkung, soweit die Übertragung ohne gleichwertige Gegenleistung erfolgt. Nach Ablauf der Zehnjahresfrist nach Übertragung der Immobilie, bleiben aber ggf. Ersatzansprüche aus dem Überlassungsvertrag.

Rechtlich gesehen wird das Grundstück übertragen. Das Eigentum an der Immobilie folgt der Eigentümerstellung am Grundstück.

Grundsätzlich ist es möglich, eine Immobilie, ohne jede Art von Auflage oder Gegenleistung zu übergeben. In vielen behält sich der Übergeber allerdings Nutzungsrechte, Dienstleistungen usw. vor.

Aus den getroffenen Vereinbarungen können (Ersatz-)ansprüche auf Zahlung entstehen, die im Falle des Einzugs in ein Heim Kosten für die Übernehmer der Immobilie zur Folge haben. Da Sozialhilfe nachrangig ist, muss auch in einem solchen Fall der Pflegebedürftige Ansprüche aus einem Überlassungsvertrag geltend machen und gegebenenfalls gerichtlich durchsetzten.

> **Achtung:** Der Pflegebedürftige sollte den Vertrag auf jeden Fall rechtlich prüfen lassen, um die möglichen Ansprüche abschätzen zu können.

c) Nießbrauch

Nießbrauch ist ein in § 1030 ff. BGB geregeltes Nutzungsrecht an einer Sache. Es erlaubt dem Nießbrauchsberechtigten eine Sache in vollem Umfang zu nutzen und die Früchte daraus zu ziehen (z. B. Miet- oder Pachteinnahmen). Nießbrauch und die Erträge aus dem Nießbrauch sind pfändbar. Der Nießbraucher hat grundsätzlich die Kosten für den gewöhnlichen Unterhalt der kleineren Reparaturen zu tragen. Der Eigentümer ist hingegen für den Erhalt finanziell zuständig. Von diesen gesetzlichen Regelungen kann abgewichen werden.

> **Beispiel:**
> Erna hat eine Immobilie vor 25 Jahren übergeben. Sie hat ein Nießbrauchsrecht für die Wohnung, die sie bis zu ihrem Umzug in ein Seniorenheim selbst bewohnt hat. Erna ist verwitwet und verfügt über Renteneinkommen von insgesamt 1.200 Euro. Ihr Sparvermögen beläuft sich auf 4.000 Euro, weitere Vermögenswerte hat sie nicht. Die Wohnung ließe sich mit einer monatlichen Kaltmiete von 800 Euro vermieten. Der monatliche Eigenanteil im Pflegeheim beträgt 2.400 Euro.

Hat Erna einen Anspruch auf Sozialhilfe?
Ja. Erna hat einen Anspruch auf Hilfe zur Pflege in Höhe von 400 Euro (2.044 Euro − (1.200 Euro + 800 Euro)). Ihr Anspruch ergibt sich aus dem Differenzbetrag zwischen Heimkosten und ihren zumutbar einzusetzenden Einkünften inklusive Mieteinnahmen.

d) Wohnungsrecht

Ein Wohnungsrecht (auch Wohnrecht) berechtigt grundsätzlich nur zur Selbstnutzung. Eine eigenmächtige Vermietung des Wohnrechtsberechtigten scheidet allerdings aus.

Nun stellt sich die Frage, darf oder muss die Wohnung vermietet werden, um Einkommen für den Pflegebedürftigen zu generieren? Grundsätzlich bestünde die Möglichkeit mit Gestattung des Grundstückeigentümers, die Räumlichkeiten nach Umzug in ein Pflegeheim zu vermieten. Enthält der Übergabevertrag diese Gestaltung nicht, geht der BGH grundsätzlich davon aus, dass der Eigentümer nicht verpflichtet ist, die Nutzung durch Dritte zu dulden.[68]

Dies kann allerdings anders bewertet werden, wenn der Vertrag im Ergebnis ergibt, dass der Vertrag als Bestandteil der Altersvorsorge gedacht war.

e) Wegzusregelung

Jedoch kann bereits im Vertrag grundsätzlich festgelegt werden, dass keine Zahlungen geleistet werden müssen.

f) Leibgeding oder Altenteil

Bei einem Leibgeding oder Altenteil gibt der Eigentümer sein Vermögen z.B einen Betrieb oder Privatbesitz im Hinblick auf die künftige Erbfolge auf einen oder mehrere Abkömmlinge weiter und lässt sich im Gegenzug einen ausreichenden Lebensunterhalt oder Ausgleichszahlungen gewähren.[69] Üblicherweise handelte es sich dabei um ein Wohn-

---

68   BGH, Urt. v. 9.1.2009 – 168/07
69   BFH, Beschl. v. 5.7.1990 – Gr 4-6/89

recht, Anspruch auf freie Kost, Wart und Pflege oder monatliche Zahlungen. Ein Altenteil ist eine beschränkt persönliche Dienstbarkeit und diese Ansprüche stehen nur dem Begünstigten zu. Eine Übertragung auf andere ist ausgeschlossen.

G. Sozialverwaltungsverfahren

Für alle Bereiche des Sozialgesetzbuches gilt das SGB X mit den Vorschriften zum „Sozialverwaltungsverfahren und Sozialdatenschutz" und das SGB I „Allgemeiner Teil". Unter einem Sozialverwaltungsverfahren versteht man die nach aussen wirkende Tätigkeit einer Behörde, um die Voraussetzungen einer Leistungsgewährung zu prüfen und über diese zu entscheiden.
Das Verfahren schließt mit einem Erlass eines Bescheides ab.

I. Antrag bzw. Kenntnis des Sozialhilfeträgers

Für beinahe alle Leistungen des Sozialhilferechts bedarf es keines Antrags. Vielmehr muss der zuständige Sozialhilfeträger, erlangt er Kenntnis von einer möglichen Notlage, von Amts wegen ermitteln, ob ein sozialhilferechtlicher Bedarf gegeben ist.

> **Achtung:** Ist im Einfall bei Eintritt der Pflegebedürftigkeit nicht klar, ob die tatsächlich entstehenden Kosten selbst getragen werden können, ist es unabdingbar, vorsichtshalber den Sozialhilfeträger (SHT) in Kenntnis zu setzen. Denn: Sozialhilfe kann nicht rückwirkend bewilligt werden, wenn der SHT keine Kenntnis hatte.

Oft melden Pflegeheime den Einzug eines Pflegebedürftigen an den zuständigen Sozialhilfeträger vorsichtshalber, wenn die finanzielle Lage des Bewohners nicht abschließend feststeht.

Sozialhilfe kann unter Voraussetzungen auch rückwirkend ab Kenntnis geleistet werden. Geregelt ist dies in § 18 SGB XII:

§ 18 Einsetzen der Sozialhilfe

(1) Die Sozialhilfe, mit Ausnahme der Leistungen der Grundsicherung im Alter und bei Erwerbsminderung, setzt ein, sobald dem Träger der Sozialhilfe oder den von ihm beauftragten Stellen bekannt wird, dass die Voraussetzungen für die Leistung vorliegen.

(2) Wird einem nicht zuständigen Träger der Sozialhilfe oder einer nicht zuständigen Gemeinde im Einzelfall bekannt, dass Sozialhilfe beansprucht wird, so sind die darüber bekannten Umstände dem zuständigen Träger der Sozialhilfe oder der von ihm beauftragten Stelle unverzüglich mitzuteilen und vorhandene Unterlagen zu übersenden. Ergeben sich daraus die Voraussetzungen für die Leistung, setzt die Sozialhilfe zu dem nach Satz 1 maßgebenden Zeitpunkt ein.

Achtung: Für Leistungen der Grundsicherung im Alter und bei Erwerbsminderung muss ein Antrag gestellt werden. Für die Gewährung dieser Leistungen ist ein Antrag zwingende Voraussetzung (§ 44 Abs. 1 Satz 1 SGB XII).

II. Ermittlung des Sachverhalts – Amtsermittlungsgrundsatz

Der Sozialhilfeträger ist verpflichtet den Sachverhalt von Amts wegen zu ermitteln. Erlangt er Kenntnis von einem mögliche Hilfebedarf, zum Beispiel durch eine Einzugsmeldung eines Pflegeheims, muss er den Sachverhalt zwingend aufklären. Dies ist in § 20 SGB X geregelt:

§ 20 Untersuchungsgrundsatz

(1) Die Behörde ermittelt den Sachverhalt von Amts wegen. Sie bestimmt Art und Umfang der Ermittlungen; an das Vorbringen und an die Beweisanträge der Beteiligten ist sie nicht gebunden.

(2) Die Behörde hat alle für den Einzelfall bedeutsamen, auch die für die Beteiligten günstigen Umstände zu berücksichtigen.

(3) Die Behörde darf die Entgegennahme von Erklärungen oder Anträgen, die in ihren Zuständigkeitsbereich fallen, nicht deshalb verweigern, weil sie die Erklärung oder den Antrag in der Sache für unzulässig oder unbegründet hält.

III. Mitwirkungspflicht des Antragstellers

Allerdings müssen Antragsteller bei Aufklärung des entscheidungserheblichen Sachverhalts mitwirken. Sie haben z. B. alle für die Entscheidung erheblichen Tatschen anzugeben, auf Verlangen Beweismittel zu benennen und Urkunden vorzulegen. Alle erforderlichen Unterlagen wie etwa Einkommens- und Vermögensnachweise sind einzureichen.
Geregelt sind die Mitwirkungspflichten in den §§ 60 ff. SGB I:

§ 60 Angabe von Tatsachen
(1) Wer Sozialleistungen beantragt oder erhält, hat
1. alle Tatsachen anzugeben, die für die Leistung erheblich sind, und auf Verlangen des zuständigen Leistungsträgers der Erteilung der erforderlichen Auskünfte durch Dritte zuzustimmen,
2. Änderungen in den Verhältnissen, die für die Leistung erheblich sind oder über die im Zusammenhang mit der Leistung Erklärungen abgegeben worden sind, unverzüglich mitzuteilen,
3. Beweismittel zu bezeichnen und auf Verlangen des zuständigen Leistungsträgers Beweisurkunden vorzulegen oder ihrer Vorlage zuzustimmen.
Satz 1 gilt entsprechend für denjenigen, der Leistungen zu erstatten hat.
(…)

Neben der Angabe von Tatsachen kann auch persönliches Erscheinen[70] oder gewisse Untersuchungen angeordnet werden. Allerdings sind der

---

[70] § 61 I SGB I

Mitwirkungspflicht auch Grenzen gesetzt. Dies regelt § 65 SGB I. Dadurch wird der Betroffen vor unzumutbaren Anforderungen geschützt.

§ 65 Grenzen der Mitwirkung
(1) Die Mitwirkungspflichten nach den §§ 60 bis 64 bestehen nicht, soweit
1. ihre Erfüllung nicht in einem angemessenen Verhältnis zu der in Anspruch genommenen Sozialleistung oder ihrer Erstattung steht

   oder
2. ihre Erfüllung dem Betroffenen aus einem wichtigen Grund nicht zugemutet werden kann

   oder
3. der Leistungsträger sich durch einen geringeren Aufwand als der Antragsteller oder Leistungsberechtigte die erforderlichen Kenntnisse selbst beschaffen kann.

(...)

IV. Antragstellung

Grundsätzlich sind Anträge beim zuständigen Sozialhilfeträger zu stellen. Allerdings müssen unzuständige Träger, wie zum Beispiel Gemeinden, diesen unverzüglich an den zuständigen weiterleiten.

§ 16 SGB I: Antragstellung
(1) Anträge auf Sozialleistungen sind beim zuständigen Leistungsträger zu stellen. Sie werden auch von allen anderen Leistungsträgern, von allen Gemeinden und bei Personen, die sich im Ausland aufhalten, auch von den amtlichen Vertretungen der Bundesrepublik Deutschland im Ausland entgegengenommen.
(2) Anträge, die bei einem unzuständigen Leistungsträger, bei einer für die Sozialleistung nicht zuständigen Gemeinde oder bei einer amtlichen Vertretung der Bundesrepublik Deutschland im Ausland gestellt werden, sind unverzüglich an den zuständigen Leistungsträger

weiterzuleiten. Ist die Sozialleistung von einem Antrag abhängig, gilt der Antrag als zu dem Zeitpunkt gestellt, in dem er bei einer der in Satz 1 genannten Stellen eingegangen ist.
(...)
Grundsätzlich stellt der Betroffene selbst den Antrag. Er kann sich aber durch einen Bevollmächtigten vertreten lassen, wenn dieser zur Vertretung gegenüber Behörden ermächtigt ist.

§ 13 SGB X: Bevollmächtigte und Beistände
(1) Ein Beteiligter kann sich durch einen Bevollmächtigten vertreten lassen. Die Vollmachtermächtigt zu allen das Verwaltungsverfahren betreffenden Verfahrenshandlungen, sofernsich aus ihrem Inhalt nicht etwas anderes ergibt. Der Bevollmächtigte hat auf Verlangenseine Vollmacht schriftlich nachzuweisen. Ein Widerruf der Vollmacht wird der Behördegegenüber erst wirksam, wenn er ihr zugeht.
(...)

Achtung: Werden die Grenzen der Mitwirkungspflicht überschritten, dürfen die Leistungen nicht wegen fehlender Mitwirkung versagt oder entzogen werden.

V. Versagungsbescheid

Sozialhilfe kann nur gewährt werden, wenn die Anspruchsvoraussetzungen vorliegen.
Dies wird im Rahmen des Sozialverwaltungsverfahrens geprüft. Kann die Behörde nicht abschließend beurteilen, ob die Voraussetzungen gegeben sind, weil nicht alle entscheidungserblichen Tatsachen, wie zum Beispiel die Vermögenssitutation, bekannt sind, kann ein sogenannter Versagungsbescheid erlassen werden. Grundvoraussetzung für eine Versagung der Leistung ist, dass der Antragsteller seiner Mitwirkungspflicht nicht nachgekommen ist und die Grenzen der Mitwirkungspflicht nicht überschritten worden sind. Die Behörde muss

vor Erlass des Versagungsbescheides den Antragsteller zur Mitwirkung schriftlich und unter Angaben der konkreten Nachweise auffordern und auf die Folgen der fehlenden Mitwirkung hinweisen. Zudem muss eine angemessene Frist zur geforderten Mitwirkung gesetzt werden. Geregelt ist dies in § 66 SGB I.

VI. Prüfung der Anspruchsvoraussetzungen und Entscheidung

Wurde der entscheidungserhebliche Sachverhalt vollständig ermittelt, wird von der zuständigen Behörde geprüft, ob die Voraussetzungen der Gewährung von Leistungen erfüllt sind und die Behörde trifft eine Entscheidung.

Die Entscheidung des Sozialhilfeträger erfolgt auch hier in Form eines Verwaltungsaktes (siehe Kapitel C.II.3.).

Mögliche Entscheidung des Sozialhilfeträgers:

1. Der Sozialhilfeträger gewährt die Hilfe antragsgemäß
2. Der Sozialhilfeträger gewährt die Hilfe nicht antragsgemäß z. B. Darlehen statt Zuschuss; hier sind Widerspruch und Klage möglich.
3. Der Sozialhilfeträger lehnt die beantragte Hilfe ab: Ablehnungsbescheid; hier sind Widerspruch und Klage möglich.
4. Der Sozialhilfeträger erlässt einen sog. Versagungsbescheid: Sobald die geforderten Unterlagen eingereicht werden, wird das Verfahren forstgesetzt.

VII. Untätigkeitsklage

Bis zum Abschluss eine Antragsverfahrens auf Sozialhilfe können mehrere Monate verstreichen. In einigen Fällen warten die Betroffenen sogar mehr als ein halbes Jahr auf eine Entscheidung. Wenn die Behörde nicht in einer angemessenen Zeitspanne entscheidet, kann der Betroffener eine sogenannte Untätigkeitsklage erheben. Geregelt ist diese sowohl für den Antrag auf Sozialhilfe als auch für die Entscheidung über einen Widerspruch.

Eine Untätigkeitsklage sorgt dafür, dass die Verwaltung Bürger nicht durch Untätigkeit in ihren Rechten beeinträchtigen kann.[71]

Hat ein Betroffener einen Antrag auf Sozialhilfe gestellt und es ist nach **mehr als sechs Monaten** keine Entscheidung getroffen worden (also Bewilligung, Ablehnung oder Versagung), hat die Klage Aussicht auf Erfolg. Voraussetzung ist, dass ohne zureichenden Grund nicht entschieden wurde. Ein zureichender Grund ist nur im Einzelfall gegeben. Ein solcher Grund kann gegeben sein, wenn z. B. aufgrund einer Gesetzesänderung die Behörde vorübergehenden besonders belastet ist, weil außergewöhnlich viele Anträge zu bearbeiten sind.[72]

> **Achtung:** Eine Untätigkeitsklage kann auch erhoben werden, wenn nicht innerhalb von drei Monaten ohne zureichenden Grund über einem Widerspruch entschieden wurde.

§ 88 SGG

(1) Ist ein Antrag auf Vornahme eines Verwaltungsakts ohne zureichenden Grund in angemessener Frist sachlich nicht beschieden worden, so ist die Klage nicht vor Ablauf von sechs Monaten seit dem Antrag auf Vornahme des Verwaltungsakts zulässig. Liegt ein zureichender Grund dafür vor, daß der beantragte Verwaltungsakt noch nicht erlassen ist, so setzt das Gericht das Verfahren bis zum Ablauf

---

71 Meyer-Ladewig/ Keller, Schmidt, SGG § 88 Rn 2
72 Meyer-Ladewig/ Keller, Schmidt, SGG § 88 Rn 7a

einer von ihm bestimmten Frist aus, die verlängert werden kann. Wird innerhalb dieser Frist dem Antrag stattgegeben, so ist die Hauptsache für erledigt zu erklären.

(2) Das gleiche gilt, wenn über einen Widerspruch nicht entschieden worden ist, mit der Maßgabe, daß als angemessene Frist eine solche von drei Monaten gilt.

VIII. Pflegezusatzversicherung

Die Pflegezusatzversicherung ist eine private Zusatzversicherung, die finanzielle Unterstützung bietet, wenn die versicherte Person pflegebedürftig wird. Sie kann die Möglichkeit bieten, die finanzielle Lücke bei der Pflegeversorgung (teilweise) zu schließen. Es gibt verschiedene Formen der Pflegezusatzversicherung:

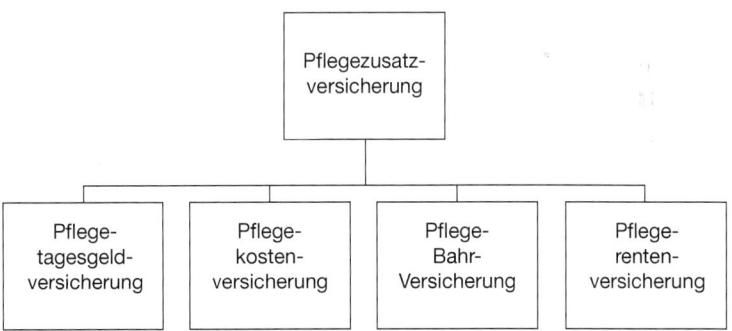

Abb. 8: Bestandteile der Pflegezusatzversicherung.

- Bei einer **Pflegtagesgeldversicherung** zahlt die Versicherung einen festen Betrag pro Pflegetag. Die Höhe des Betrages bestimmt sich nach dem festgestellten Pflegegrad. Dieser Betrag kann flexibel verwendet werden. Es ist nicht von Bedeutung, ob und in welcher Höhe tatsächlich Kosten anfallen. Die Auszahlung erfolgt monatlich und variiert je nach Anbieter. Grundsätzlich zahlen etliche Versicherer einen festen Betrag ab Pflegegrad 2. Allerdings gibt es Anbieter auf dem Markt, die bereits ab Pflegegrad 1 Leistungen gewähren. Je höher der festgestellt Pflegegrad ist, umso höher sind in der Regel die monatlichen Zahlungen aus der Versicherung. Es gibt aber auch Versicherer, die einen festen Betrag unabhängig vom festgestellten Pflegegrad zahlen.

> **Achtung:** Oft steigen die Beträge mit der Zeit. Ferner gibt es eine Gesundheitsprüfung bei Vertragsschluss. Bestehen Grunderkrankungen muss mit höheren Beiträgen gerechnet werden. Im Einzelfall ist der Abschluss bei Grunderkrankungen nicht möglich.

- Unter einer sogenannten **Pflege-Bahr-Versicherung** versteht man eine staatlich geförderte Pflegetagesgeldversicherung. Geregelt ist dies in den §§ 126 ff SGB XI:

  § 126 Zulageberechtigte
  Personen, die nach dem Dritten Kapitel in der sozialen oder privaten Pflegeversicherung versichert sind (zulageberechtigte Personen), haben bei Vorliegen einer auf ihren Namen lautenden privaten Pflege-Zusatzversicherung unter den in § 127 Absatz 2 genannten Voraussetzungen Anspruch auf eine Pflegevorsorgezulage. Davon ausgenommen sind Personen, die das 18. Lebensjahr noch nicht vollendet haben, sowie Personen, die vor Abschluss der privaten Pflege-Zusatzversicherung bereits als Pflegebedürftige Leistungen nach dem Vierten Kapitel oder gleichwertige Vertragsleistungen der privaten Pflege- Pflichtversicherung beziehen oder bezogen haben.

- Eine **Pflegekostenversicherung** übernimmt einen prozentualen Anteil der tatsächlichen Pflegekosten, die nicht von der gesetzlichen Pflegeversicherung abgedeckt werden. Die Leistung ist zweckgebunden und wird direkt mit dem Pflegeanbieter abgerechnet. So übernimmt eine Pflegekostenversicherung zum Beispiel 80 % der Pflegekosten, die nicht durch die gesetzliche Pflegeversicherung abgedeckt werden.

VIII. – Pflegezusatzversicherung

> **Achtung:** Es werden nur die Pflegekosten übernommen, nicht erfasst sind die Kosten für Unterkunft und Verpflegung usw.

- Bei einer **Pflegerentenversicherung** wird im Falle der Feststellung eines Pflegegrades eine monatliche Rente ausbezahlt. Die Höhe der Rente wird bei Vertragsschluss festgelegt und wird unabhängig von den tatsächlichen Kosten gezahlt.

> **Achtung:** Die Beiträge sind im Regelfall höher als bei den anderen Versicherungen.

Bei der Entscheidungfür eine Versicherung sollten folgende Punkte beachtet werden:

- Müssen die Beiträge auch bei Eintritt der Pflegebedürftigkeit weiterbezahlt werden?
- Können die Beiträge zeitweise pausiert werden?
- Enthält der Vertrag eine Wartezeit?
- Erkennt die Versicherung die festgestellten Pflegegrad an oder wird vorausgesetzt, dass die Versicherung eine eigene Feststellung treffen muss?

H. Vorsorgevollmacht, Betreuung und Patientenverfügung

I. Vorsorgevollmacht – Bedeutung und Erstellung

Eine **Vorsorgevollmacht** ist ein rechtliches Instrument, mit dem eine Person (Vollmachtgeber oder Vollmachtgeberin) eine andere Person ermächtigt, auch im Falle der Entscheidungsunfähigkeit für sie zu handeln. Sie ist im Bürgerlichen Gesetzbuch (BGB) geregelt. Eine Vorsorgevollmacht dient dazu, die rechtliche Vertretung in verschiedenen Bereichen zu ermöglichen, ohne dass hierfür von einem Betreuungsgericht ein Betreuer bestellt werden muss.[73] Damit kann vorausschauend und eigenverantwortlich Vorsorge für den Fall getroffen werden, dass man eigene Angelegenheiten nicht mehr selbst regeln kann. Und es kann grundsätzlich auch eine gerichtliche Betreuung vermieden werden, weil die bevollmächtigte Person anstelle des gerichtlich bestellten Betreuers handeln kann.

Da trotz einer Vollmacht eine gerichtliche Betreuung im Einzelfall notwendig werden kann, weil z. B. für einen bestimmten Bereich (z. B. finanzielle Angelegenheiten oder Vertretung gegenüber Behörden) keine Vollmacht erteilt wurde, ist es von Vorteil eine sog. **Betreuungsverfügung** in die Vollmacht aufzunehmen.

> **Achtung:** Ein Bevollmächtigter, der von der Einleitung eines Verfahrens über eine Betreuerbestellung Kenntnis erlangt, hat das Betreuungsgericht unverzüglich über die Bevollmächtigung zu unterrichten.[74]

---

73 vgl. § 1820 Abs. 1 BGB
74 vgl. § 1820 Abs. 1 BGB

II. Die Betreuungsverfügung

Die **Betreuungsverfügung** greift, wenn keine (ausreichende) Vorsorgevollmacht existiert. Die Betreuungsverfügung ist ein rechtliches Instrument, mit dem der Betroffene festlegen kann, wer im Fall einer rechtlichen Betreuungsbedürftigkeit als gesetzlicher Betreuer von einem Gericht eingesetzt werden soll oder auch, wer dies ausdrücklich nicht werden darf. Sie dient somit auch der eigenverantwortlichen Gestaltung der Betreuungssituation. Zudem können konkrete Wünsche zur Betreuung (wie etwa die der Wohnsituation) angeben werden. Gerichte sind verpflichtet, die Wünsche aus einer Betreuungsverfügung zu berücksichtigen, sofern sie dem Wohl des Betroffenen entsprechen. Es empfiehlt sich die Betreuungsverfügung im Rahmen der Vollmacht zu regeln.

III. Formale Anforderungen an eine Vollmacht

Eine Vollmacht bedarf grundsätzlich keiner bestimmten Form. In bestimmten Fällen ist allerdings Schriftform vorgeschrieben (z. B. bei Grundstücksgeschäften, bei einer unwiderruflichen Vollmacht oder bei der Einwilligung in eine ärztliche Zwangsmaßnahme).

Allerdings kann, nicht zuletzt aus Nachweisgründen, in allen Fällen nur zur Schriftform geraten werden. Sofern keine Generalvollmacht erteilt wird, muss der Umfang der Vertretungsmacht klar umschrieben sein. Die Vollmacht kann beispielsweise zur Vertretung gegenüber Behörden ermächtigen.

> **Generalvollmacht:** Eine solche deckt grundsätzlich sämtliche rechtlichen und persönlichen Angelegenheiten ab. Eine Vertretung in höchst-

persönlichen Angelegenheiten, wie etwa eine Eheschließung oder Scheidung ist allerdings nicht möglich.

Namen und Adresse des Vollmachtgebers und des Bevollmächtigten müssen zwingend aufgenommen werden, ebenso die Unterschrift des Vollmachtgebers.

Empfohlen werden können verschiedenen Mustervorlagen wie etwa die des Bundesjustizministeriums.[75]

IV. Betreuung

Die rechtliche **Betreuung** wurde 1992 mit dem sogenannten Betreuungsgesetz eingeführt. Damit wurde für Volljährige die Vormundschaft abgeschafft. Das neue Betreuungsrecht, welches das Selbstbestimmungsrecht des Betreuten mehr in den Fokus stellt, gilt seit Januar 2023.

Ein Betreuer wird **vom Gericht bestellt**, wenn ein Volljähriger sich aufgrund von Krankheit oder Behinderung nicht mehr selbstständig um seine Angelegenheiten kümmern kann und eine Betreuerbestellung erforderlich ist.

Dies ist der Fall, wenn die Angelegenheiten nicht durch einen Vorsorgebevollmächtigten besorgt oder durch andere Hilfen erledigt werden können. Die gesetzliche Grundlage findet sich in § 1814 BGB:

§ 1814 Voraussetzungen

(1) Kann ein Volljähriger seine Angelegenheiten ganz oder teilweise rechtlich nicht besorgen und beruht dies auf einer Krankheit oder Behinderung, so bestellt das Betreuungsgericht für ihn einen rechtlichen Betreuer (Betreuer).

(2) Gegen den freien Willen des Volljährigen darf ein Betreuer nicht bestellt werden.

---

[75] www.verbraucherzentrale.de/onlinevorsorgevollmacht-jetzt-kostenlos-erstellen-und-vorsorgen-76131

(3) Ein Betreuer darf nur bestellt werden, wenn dies erforderlich ist.
(…)

Den Umfang der Betreuung normiert § 1815 BGB:

§ 1815 Umfang der Betreuung

(1) Der Aufgabenkreis eines Betreuers besteht aus einem oder mehreren Aufgabenbereichen. Diese sind vom Betreuungsgericht im Einzelnen anzuordnen. Ein Aufgabenbereich darf nur angeordnet werden, wenn und soweit dessen rechtliche Wahrnehmung durch einen Betreuer erforderlich ist.

(2) Folgende Entscheidungen darf der Betreuer nur treffen, wenn sie als Aufgabenbereich vom Betreuungsgericht ausdrücklich angeordnet worden sind:

1. eine mit Freiheitsentziehung verbundene Unterbringung des Betreuten nach § 1831 Absatz 1,
2. 2eine freiheitsentziehende Maßnahme im Sinne des § 1831 Absatz 4, unabhängig davon, wo der Betreute sich aufhält,
3. die Bestimmung des gewöhnlichen Aufenthalts des Betreuten im Ausland,
4. die Bestimmung des Umgangs des Betreuten,
5. die Entscheidung über die Telekommunikation des Betreuten einschließlich seiner elektronischen Kommunikation,
6. die Entscheidung über die Entgegennahme, das Öffnen und das Anhalten der Post des Betreuten.

(3) Einem Betreuer können unter den Voraussetzungen des § 1820 Absatz 3 auch die Aufgabenbereiche der Geltendmachung von Rechten des Betreuten gegenüber seinem Bevollmächtigten sowie zusätzlich der Geltendmachung von Auskunfts- und Rechenschaftsansprüchen des Betreuten gegenüber Dritten übertragen werden (Kontrollbetreuer).

Das Betreuungsgericht stellt im Rahmen eines gerichtlichen Verfahrens fest, in welchen Bereichen der Betroffene Unterstützung durch einen Betreuer braucht. Außerhalb der gerichtlich festgelegten Aufgabenkreise darf ein Betreuer nicht tätig werden.

In seinem Aufgabenkreis kann der Betreuer den Betreuten gerichtlich und außergerichtlich vertreten.[76] Er hat die betreute Person in seinem Aufgabenkreis persönlich zu betreuen und die Angelegenheiten so wahrzunehmen, dass die Betreuten im Rahmen ihrer Möglichkeiten ihr Leben nach ihren Wünschen gestalten können. Die Pflichten des Betreuers sind in § 1821 BGB geregelt.

Die Betreuung wird **nicht auf unbestimmte Zeit** installiert. Im Rahmen der gerichtlichen Entscheidung über die Bestellung des Betreuers ist der Zeitpunkt zu benennen, bis zu dem das Betreuungsgericht die getroffene Maßnahme überprüft haben muss. Die Frist, bis zu der über die Aufhebung oder Verlängerung entschieden werden muss, richtet sich nach dem Einzelfall und beträgt **längstens sieben Jahre**.

Mit der Übernahme der Betreuung hat ein **Berufsbetreuer** einen Bericht über die persönlichen Verhältnisse, einen sogenannten Anfangsbericht, zu erstellen.[77] Ein Betreuer muss dem Betreuungsgericht mindestens einmal jährlich einen Jahresbericht über die persönlichen Verhältnisse des Betreuten vorlegen. Der Jahresbericht hat insbesondere Angaben zu folgenden Sachverhalten zu enthalten:

- Art, Umfang und Anlass der persönlichen Kontakte zum Betreuten und
- der persönliche Eindruck vom Betreuten
- Umsetzung der bisherigen Betreuungsziele und
- Darstellung der bereits durchgeführten und beabsichtigten Maßnahmen, insbesondere solcher gegen den Willen des Betreuten
- Gründe für die weitere Erforderlichkeit der Betreuung und des Einwilligungsvorbehalts, insbesondere auch hinsichtlich des Umfangs bei einer beruflich geführten Betreuung die Mitteilung, ob die Betreuung zukünftig ehrenamtlich geführt werden kann
- und die Sichtweise des Betreuten zu den Sachverhalten nach den aufgezählten Punkten.[78]

---

76 § 1823 BGB
77 § 1863 BGB
78 § 1863 Abs. 3 BGB

IV. – Betreuung

Nach der Beendigung der Betreuung ist ein Schlussbericht zu erstellen.

Einwilligungsvorbehalt: Ein Betreuer wird durch die Betreuerbestellung nicht geschäftsunfähig. Das bedeutet er kann grundsätzlich weiterhin wirksame rechtsgeschäftliche Erklärungen im Rechtsverkehr abgeben. Ob Geschäftsunfähigkeit vorliegt, wird unabhängig von einer Betreuung im Einzelfall geprüft. Geschäftsunfähigkeit wird in § 104 BGB geregelt:
Soweit zu Abwendung einer erheblichen Gefahr für die Person oder für das Vermögen des Betreuten erforderlich, ordnet das Betreuungsgericht einen Einwilligungsvorbehalt an. Dieser bedeutet, dass der Betreute ausnahmsweise eine Einwilligung des Betreuers bedarf, um eine wirksame Willenserklärung abzugeben. Bis dahin ist die Willenserklärung des Betreuten schwebend unwirksam. Erteilt der Betreuer seine Einwilligung nicht, kommt das Rechtsgeschäft auch nicht zustande. Geregelt ist der Einwilligungsvorbehalt in § 1825 BGB.

1. Betreuungsgerichtliche Genehmigung

Grundsätzlich kann der Betreuer, wie dargestellt, den Betreuten in den festgestellten Aufgabenkreisen gerichtlich und außergerichtlich vertreten. Die betreuungsgerichtliche Genehmigung ist ein Bestandteil des Betreuungsrechts, die bestimmte Entscheidungen eines Betreuers jedoch unter den Vorbehalt der Zustimmung durch das Betreuungsgericht stellt.

Eine betreuungsrechtliche Genehmigung stellt sicher, dass Entscheidungen eines Betreuers für einen Betreuten unter gerichtlicher Kontrolle stehen. Das dient dem Schutz der betroffenen Person und gewährleistet, dass die Entscheidung im besten Interesse des Betreuten liegt.

Ein Beispiel für die Notwendigkeit einer betreuungsrechtlichen Genehmigung findet sich in § 1831 Abs. 2 BGB: Eine **Unterbringung eines Betreuten**, die mit Freiheitsentziehung verbunden ist, ist nur mit Genehmigung des Betreuungsgerichts zulässig.

Freiheitsentziehende Maßnahmen. Als freiheitsentziehende Maßnahmen kommen zum Bespiel auch niederschwellige Maßnahmen in Betracht: Das Anbringen von Bettgittern, ein Leibgurt am Stuhl, das Abschließen des Zimmers, wenn die Öffnung auf Wunsch der betreuten Person nicht jederzeit gewährleistet ist oder Medikamente, die in erster Linie die Ruhigstellung des Betroffenen bezwecken.
Diese Maßnahmen müssen immer durch ein Betreuungsgericht genehmigt werden!

2. Betreuerbestellung

Das Verfahren zur Bestellung eines Betreuers wird durch das zuständige Betreuungsgericht durchgeführt.

Für die Betreuerbestellung ist das Amtsgericht (Abteilung für Betreuungssachen) zuständig, in dessen Bezirk die betroffene Person zur Zeit der Antragstellung ihren gewöhnlichen Aufenthalt hat.

Eine Betreuung kann von der betroffenen Person beantragt oder durch einen Dritten (z. B. Angehörige, Nachbarn oder Behörden) **angeregt** werden.

Sofern ein Betroffener seine Angelegenheiten nur wegen einer körperlichen Einschränkung nicht besorgen kann, darf ein Betreuer nur auf dessen Antrag bestellt werden.[79] In allen anderen Fällen kann das Betreuungsgericht ein Betreuungsverfahren einleiten. In der Regel erfolgt dies auf Anregung Dritter.

Das **Gericht prüft**, ob und in welchem Umfang die Voraussetzungen für eine Betreuung vorliegen.

Es muss vor einer Entscheidung den Betroffenen grundsätzlich persönlich anhören und sich einen persönlichen Eindruck verschaffen. Zudem ist in der Regel ein Sachverständigengutachten über die Notwendigkeit einer Betreuung und die voraussichtlich notwendige Dauer der Maßnahme einzuholen.

---

79 § 1814 Abs. 4 BGB

Grundsätzlich gibt es die Möglichkeit eines **ehrenamtlichen Betreuers** und eines sogenannten **Berufsbetreuers**. Die Voraussetzungen für einen ehrenamtlichen Betreuer finden sich in § 21 Betreuungsorganisationsgesetz (BtOG). Grundvoraussetzung ist die persönliche Eignung und Zuverlässigkeit.

> **Achtung:** Ein Betreuer, unerheblich ob er als Berufsbetreuer oder als ehrenamtlicher Betreuer tätig ist, muss für schuldhafte (vorsätzliche oder fahrlässige) Pflichtverletzungen einstehen. Das bedeutet, es können gegebenenfalls Schadensersatzansprüche entstehen. Daher ist für den ehrenamtlichen Betreuer der Abschluss einer Haftpflichtversicherung ratsam.

Eine **Vergütung** erhält nur ein Berufsbetreuer, ein ehrenamtlicher Betreuer kann nur den Ersatz von Aufwendungen geltend machen. Die Aufwandspauschale ist in § 1878 BGB geregelt.

Das Gericht erlässt einen **Beschluss**, in dem die Betreuung offiziell angeordnet wird. Darin wird auch festgelegt, für welche Aufgabenkreise die Betreuung gilt und wie lange die Betreuung gilt.

Die Entscheidung über eine Betreuung ist dem Betroffenen, dem Betreuer, dem Verfahrenspfleger und der Betreuungsbehörde bekannt zu geben. Der Betreuer erhält eine Urkunde über seine Bestellung. Diese Urkunde dient auch als Nachweis für die Vertretungsbefugnis.

V. Patientenverfügung

Unter einer **Patientenverfügung** versteht man eine schriftliche Erklärung gem. § 1827 BGB, in welcher der Betroffene festlegt, welche medizinischen Maßnahmen im Falle der eigenen Entscheidungsunfähigkeit durchgeführt oder unterlassen werden sollen. Sie stellt einen wichtigen Teil der persönlichen Vorsorge dar.

Die Festlegungen sind für bestimmte **ärztliche Maßnahmen verbindlich**. Das ärztliche Personal und alle anderen, die mit der Behandlung eines Patienten betraut sind, müssen eine Patientenverfügung beachten. Dies ist auch dann der Fall, wenn kein Vertreter bestellt sein sollte.

Sollte ein Vertreter bestellt worden sein oder ein Betreuungsgericht hat einen Betreuer mit diesem Aufgabenkreis bestellt, so ist diese Person verpflichtet dem Willen des Betroffenen Geltung zu verschaffen.

> **Achtung:** Für den Fall, dass keine Patientenverfügung existiert, muss ein Vertreter oder Betreuer entscheiden, ob eine ärztliche Maßnahme durchgeführt werden soll. Auch hier sind die Wünsche des Betroffenen, soweit sie bekannt sind, zu berücksichtigen.

Die Verfügung nimmt den Angehörigen die schwere Entscheidung ab, über medizinische Maßnahmen entscheiden zu müssen und bietet den Ärzten eine klare Handlungsanweisung.

Eine Patientenverfügung kann im **Zentralen Vorsorgeregister der Bundesnotarkammer** registriert werden.[80]

---

[80] https://www.vorsorgeregister.de/

I. Leistungen für Pflegepersonen

Leistungen für Pflegepersonen verfolgen das Ziel, Menschen, die Angehörige oder nahestehende Personen pflegen, sozial abzusichern, wenn diese durch die Pflegebedürftigkeit nicht oder nur eingeschränkt erwerbstätig sind. Darüber hinaus sollen Pflegepersonen entlastet werden – ihre Tätigkeit soll gesellschaftlich und finanziell anerkannt werden. Die Leistungen zur sozialen Absicherung regelt § 44 SGB XI. Erfasst sind insbesondere die Bereiche Unfallversicherung, Renten- und Arbeitslosenversicherung.

Der Begriff der Pflegeperson wird in § 19 SGB XI geregelt. Die Einordnung als Pflegeperson stellt die Grundvoraussetzung für die Leistungen dar

§ 19 Begriff der Pflegeperson
Pflegepersonen im Sinne dieses Buches sind Personen, die nicht erwerbsmäßig einen Pflegebedürftigen im Sinne des § 14 in seiner häuslichen Umgebung pflegen. Leistungen zur sozialen Sicherung nach § 44 erhält eine Pflegeperson nur dann, wenn sie eine oder mehrere pflegebedürftige Personen wenigstens zehn Stunden wöchentlich, verteilt auf regelmäßig mindestens zwei Tage in der Woche, pflegt.

Um als Pflegeperson im Sinne des § 19 SGB XI zu gelten, müssen folgende Voraussetzungen kumulativ erfüllt sein:

- Die Pflege muss mindestens zehn Stunden wöchentlich, verteilt auf mindestens zwei Tage erfolgen. Werden mehrere Angehörige gleichzeitig gepflegt, wird der gesamte Zeitaufwand berechnet.
- Die Pflege muss in der häuslichen Umgebung des Pflegebedürftigen erfolgen.
- Die Pflegeperson darf nicht mehr als 30 Stunden wöchentlich erwerbstätig sein und

- Bei dem Pflegebedürftigen muss mindestens PG 2 festgestellt worden sein.

I. Unfallversicherung

Pflegepersonen sind beitragsfrei gesetzlich unfallversichert.[81] Eine Anmeldung ist nicht erforderlich. Der Versicherungsschutz erfasst die eigentliche Pflegetätigkeit und Hilfen bei der Haushaltsführung bei einem Pflegebedürftigen, bei dem mindestens PG 2 festgestellt wurde. Darüber hinaus besteht Unfallversicherungsschutz auf dem direkten Hin- und Rückweg zum Ort der Pflegetätigkeit.

> **Achtung:** Es besteht grundsätzlich ein Versicherungsschutz in der gesetzlichen Unfallversicherung für einen pflegenden Angehörigen bei der Begleitung der pflegebedürftigen Eltern auf dem Rückweg aus deren Urlaub.[82]

II. Rente für Pflegepersonen

Die Pflege von Familienangehörigen führt oft zu einer Einschränkung der beruflichen Tätigkeit oder einer vorübergehenden Aufgabe der Berufstätigkeit. Daher zahlt die Rentenversicherung Beiträge zur gesetzlichen Rentenversicherung.

Die Höhe der Beiträge, die von der Pflegeversicherung gezahlt werden, hängt vom Pflegegrad des zu Pflegenden, von der täglichen Pflegezeit und vom Einkommen der Pflegeperson ab.

---

81 vgl. § 44 Abs. 2a SGB XI
82 LSG Nordrhein-Westfalen, Urt. v. 17.9.2010 – L 4 U 57/09

Die Pflegetätigkeit wird **wie eine beitragspflichtige Beschäftigung** behandelt. Durch die Pflege können Pflegepersonen Rentenansprüche erwerben oder ihre bestehenden Rentenversicherungsansprüche erhöhen.

Mehrere Pflegepersonen, die die Pflege gemeinsam ausüben, werden entsprechend dem festgestellten Umfang der jeweiligen Pflegetätigkeit im Verhältnis zum Gesamtpflegeaufwand berücksichtigt.

Zur Berechnung wird ein fiktives monatliches Arbeitseinkommen zugrunde gelegt. Dieses richtet sich nach der sogenannten Bezugsgröße. Die Bezugsgröße bemisst sich am durchschnittlichen Arbeitsentgelt aller Rentenversicherten des vorvergangenen Jahres.

III. Arbeitslosenversicherung

Die Pflegeperson bleibt während der Pflegetätigkeit in der Arbeitslosenversicherung versichert, falls sie vor der Pflege versicherungspflichtig beschäftigt war.[83]

Hinweis: Die Beiträge zur Renten- und Arbeitslosenversicherung werden auch für die Zeit von insgesamt sechs Wochen Erholungsurlaub jährlich weitergezahlt.

IV. Pflegegeld

Das Pflegegeld für selbst beschaffte Pflegehilfen gem. § 37 SGB XI soll die Aufwände der pflegenden Person finanziell würdigen oder für deren Unterstützung verwendet werden, um so die Pflege sicherstellen zu können.

---

83 vgl. § 44 SGB XI

I. – Leistungen für Pflegepersonen

> **Achtung**: Die Pflegeperson hat aber keinen rechtlichen Anspruch auf Auszahlung. Das Pflegegeld steht der Pflegebedürftigen Person zu; sie kann dies ganz oder teilweise an die Pflegeperson(en) weiterleiten.

Weitergeleitetes Pflegegeld stellt **kein Arbeitsentgelt** oder ähnliches dar. Es soll lediglich eine Anerkennung für die geleistete Pflege sein und der Pflegeperson möglichst ungeschmälert erhalten bleiben. Der Gesetzgeber hat zahlreiche Befreiungstatbestände geschaffen, damit das Pflegegeld bei der Pflegeperson verbleiben kann. Es wird auch nicht auf existenzsichernde Leistungen angerechnet.

V. Familienpflegezeitgesetz und Pflegezeitgesetz

Durch das Familienpflegezeit- und das Pflegezeitgesetz werden Möglichkeiten zur **Freistellung** von Arbeitnehmern zur Pflege von nahen Angehörigen geschaffen.

Allerdings gelten die Ansprüche nicht gegenüber allen Arbeitgebern:

Alle Arbeitgeber	Freistellung von bis zu 10 Arbeitstagen, wenn kurzfristig die Pflege eines nahen Angehörigen organisiert/sichergestellt werden muss; § 2 Pflegezeitgesetz (PflegeZG), unabhängig von der Betriebsgröße.
Arbeitgeber mit mehr als 15 Beschäftigten	Freistellung bis zu sechs Monaten (Pflegezeit); § 3 PflegeZG (maßgeblich: regelmäßige Arbeitnehmerzahl), Voll- oder Teilfreistellung möglich.
Arbeitgeber mit mehr als 25 Beschäftigten	Teilweise Freistellung bis zu 24 Monate; § 2 Familienpflegezeitgesetz (FPfZG). Arbeitszeitreduzierung auf mindestens 15 Stunden/Woche. Gilt nur für häusliche Pflege.

Wird dem Arbeitgeber eine Freistellung nach dem Pflege- bzw. Familienpflegezeitgesetz gemeldet, besteht ein **Kündigungsschutz**, der erst mit dem Ende der Auszeit endet.
Für **Beschäftigte von Kleinbetrieben** gibt § 3 Abs. 6a Pflegezeitgesetz Antwort:

> (6a) Beschäftigte von Arbeitgebern mit in der Regel 15 oder weniger Beschäftigten können bei ihrem Arbeitgeber den Abschluss einer Vereinbarung über eine Pflegezeit nach Absatz 1 Satz 1 oder eine sonstige Freistellung nach Absatz 5 Satz 1 oder Absatz 6 Satz 1 beantragen. Der Arbeitgeber hat den Antrag innerhalb von vier Wochen nach Zugang zu beantworten. Eine Ablehnung des Antrags ist zu begründen. Wird eine Pflegezeit oder sonstige Freistellung nach Satz 1 vereinbart, gelten die Absätze 2, 3 Satz 4 und 6 erster Halbsatz, Absatz 4 Satz 1 sowie Absatz 6 Satz 2 und 4 entsprechend.

Die Beschäftigen können einen Antrag auf eine Freistellung bei ihrem Arbeitgeber stellen. Ein Anspruch gegenüber dem Arbeitgeber besteht allerdings nicht. Der Arbeitgeber kann aber die Möglichkeit dennoch gewähren. Er hat innerhalb von vier Wochen über den Antrag zu entscheiden und eine Ablehnung zu begründen. Wird dem Antrag entsprochen, gelten alle Rechte vollumfänglich. Es besteht dann der Kündigungsschutz bis zum Ende der Freistellung.

1. Kurzfristige Arbeitsverhinderung

Arbeitnehmer können bis zu zehn Arbeitstage von der Arbeit freigestellt werden, wenn sie kurzfristig die Pflege eines nahen Angehörigen organisieren oder übernehmen müssen. Ein Pflegegrad muss noch nicht per Bescheid festgestellt worden sein. Geregelt ist dies in § 2 PflegeZG:

> **§ 2 Kurzzeitige Arbeitsverhinderung**
> (1) Beschäftigte haben das Recht, **bis zu zehn Arbeitstage** der Arbeit fernzubleiben, wenn dies erforderlich ist, um für einen pflegebedürftigen nahen Angehörigen in einer akut aufgetretenen Pflege-

situation eine bedarfsgerechte Pflege zu organisieren oder eine pflegerische Versorgung in dieser Zeit sicherzustellen.

(2) Beschäftigte sind verpflichtet, dem Arbeitgeber ihre Verhinderung an der Arbeitsleistung und deren voraussichtliche Dauer unverzüglich mitzuteilen. Dem Arbeitgeber ist auf Verlangen eine ärztliche Bescheinigung über die Pflegebedürftigkeit des nahen Angehörigen und die Erforderlichkeit der in Absatz 1 genannten Maßnahmen vorzulegen.

(3) Der Arbeitgeber ist zur Fortzahlung der Vergütung nur verpflichtet, soweit sich eine solche Verpflichtung aus anderen gesetzlichen Vorschriften oder auf Grund einer Vereinbarung ergibt. Ein Anspruch der Beschäftigten auf Zahlung von Pflegeunterstützungsgeld richtet sich nach § 44a Absatz 3 des Elften Buches Sozialgesetzbuch.

2. Pflegeunterstützungsgeld

Die Freistellung gem. § 2 PflegeZG ist unbezahlt. Es steht aber Anspruch auf **Pflegeunterstützungsgeld** als Lohnersatzleistung, das bei der Krankenkasse beantragt werden kann. Das Pflegeunterstützungsgeld ist in § 44a SGB XI geregelt. Es richtet sich nach dem Gehalt der Pflegeperson. Die Höhe bestimmt sich wie folgt:

- 90 Prozent des Nettolohns oder
- 70 Prozent des Bruttolohns,

maximal jedoch **116,38 Euro** (**2024**) täglich. Maßgeblich, und bewilligt wird der geringere Betrag.

3. Pflegezeit

Gem. § 3 PflegeZG können Beschäftigte **bis zu sechs Monate** ganz oder teilweise von der Arbeit freigestellt werden, um einen nahen Angehörigen in häuslicher Umgebung zu pflegen. Der Arbeitsplatz ist für die Zeit gesichert, es besteht ein **Sonderkündigungsrecht**.[84] Allerdings kann der Arbeitgeber den Erholungsurlaub, der dem Beschäftigten für das Urlaubsjahr zusteht, für jeden vollen Kalendermonat der vollständigen Freistellung von der Arbeitsleistung um ein Zwölftel kürzen.

§ 3 PflegeZG erfasst nur die Pflege von nahen Angehörigen. Dazu zählen

- Großeltern, Eltern, Schwiegereltern, Stiefeltern,
- Ehegatten, Lebenspartner, Partner einer eheähnlichen Gemeinschaft oder lebenspartnerschaftsähnlichen Gemeinschaft,
- Geschwister, Ehegatten der Geschwister und Geschwister der Ehegatten, Lebenspartner der Geschwister und Geschwister der Lebenspartner,
- Kinder, Adoptiv- oder Pflegekinder, die Kinder, Adoptiv- oder Pflegekinder des Ehegatten oder Lebenspartners, Schwiegerkinder und Enkelkinder.

Die Pflegezeit muss dem Arbeitgeber spätestens **10 Tage vor Beginn schriftlich angezeigt** werden.

Achtung: Der Anspruch auf Pflegezeit besteht ausschließlich gegenüber Arbeitgebern mit mehr als 15 Beschäftigten (§ 3 PflegeZG).

Werden **minderjährige Pflegebedürftige** versorgt, gilt der Anspruch auch dann, wenn die Pflege außerhalb der häuslichen Umgebung erfolgt. Die Dauer regelt § 4 PflegeZG:

§ 4 Dauer der Inanspruchnahme

(1) Die Pflegezeit nach § 3 beträgt für jeden pflegebedürftigen nahen Angehörigen **längstens sechs Monate** (Höchstdauer). Für einen kürzeren Zeitraum in Anspruch genommene Pflegezeit kann bis zur Höchstdauer verlängert werden, wenn der Arbeitgeber zustimmt. Eine Verlängerung bis zur Höchstdauer kann verlangt werden, wenn ein vorgesehener Wechsel in der Person des Pflegenden aus einem

---

84 § 5 PflegeZG

I. – Leistungen für Pflegepersonen

wichtigen Grund nicht erfolgen kann; dies gilt nicht für Fälle des § 3 Absatz 6a. Pflegezeit und Familienpflegezeit nach § 2 des Familienpflegezeitgesetzes dürfen gemeinsam die Gesamtdauer von 24 Monaten je pflegebedürftigem nahen Angehörigen nicht überschreiten. Die Pflegezeit wird auf Berufsbildungszeiten nicht angerechnet.

(2) Ist der nahe Angehörige nicht mehr pflegebedürftig oder die häusliche Pflege des nahen Angehörigen unmöglich oder unzumutbar, endet die Pflegezeit vier Wochen nach Eintritt der veränderten Umstände. Der Arbeitgeber ist über die veränderten Umstände unverzüglich zu unterrichten. Im Übrigen kann die Pflegezeit nur vorzeitig beendet werden, wenn der Arbeitgeber zustimmt.

(...)

(4) Der Arbeitgeber kann den Erholungsurlaub, der der oder dem Beschäftigten für dasUrlaubsjahr zusteht, für jeden vollen Kalendermonat der vollständigen Freistellung von der Arbeitsleistung um ein Zwölftel kürzen.

Auch die Freistellung für Versorgung von minderjährigen Pflegebedürftigen ist **unbezahlt**. Es gibt keinen Anspruch auf Lohnfortzahlung durch den Arbeitgeber. Die finanziellen Einbußen durch Wegfall des Gehalts können durch einen Anspruch auf zinsloses Darlehen kompensiert werden. Das Darlehen kann beim beim Bundesamt für Familie und zivilgesellschaftliche Aufgaben (BAFzA) beantragt werden.

4. Begleitung bei begrenzter Lebenserwartung des Pflegebedürftigen

Gem. § 3 Abs. 6 Pflegezeitgesetz kann ein Arbeitnehmer zur Begleitung eines nahen Angehörigen vollständig oder teilweise freigestellt werden, wenn die Lebenserwartung des Pflegebedürftigen auf wenige Monate begrenzt ist:

(6) Beschäftigte sind zur Begleitung eines nahen Angehörigen von der Arbeitsleistung vollständig oder teilweise freizustellen, wenn dieser an einer Erkrankung leidet, die progredient verläuft und bereits ein

weit fortgeschrittenes Stadium erreicht hat, bei der eine Heilung ausgeschlossen und eine palliativmedizinische Behandlung notwendig ist und die lediglich eine begrenzte Lebenserwartung von Wochen oder wenigen Monaten erwarten lässt. Beschäftigte haben diese gegenüber dem Arbeitgeber durch ein ärztliches Zeugnis nachzuweisen. Absatz 1 Satz 2, Absatz 3 Satz 1 und 2 und Absatz 4 gelten entsprechend. § 45 des Fünften Buches Sozialgesetzbuch bleibt unberührt.

5. Familienpflegzeitgesetz (FPfZG)

§ 2 Familienpflegezeit

(1) Beschäftigte sind von der Arbeitsleistung für **längstens 24 Monate** (Höchstdauer) teilweise freizustellen, wenn sie einen pflegebedürftigen nahen Angehörigen in häuslicher Umgebung pflegen (Familienpflegezeit). Während der Familienpflegezeit muss die verringerte Arbeitszeit wöchentlich mindestens 15 Stunden betragen. Bei unterschiedlichen wöchentlichen Arbeitszeiten oder einer unterschiedlichen Verteilung der wöchentlichen Arbeitszeit darf die wöchentliche Arbeitszeit im Durchschnitt eines Zeitraums von bis zu einem Jahr 15 Stunden nicht unterschreiten (Mindestarbeitszeit). Der Anspruch nach Satz 1 besteht nicht gegenüber Arbeitgebern mit in der Regel 25 oder weniger Beschäftigten ausschließlich der zu ihrer Berufsbildung Beschäftigten.

Das Familienpflegezeitgesetz ermöglicht, dass sich **Beschäftigte bis zu 24 Monate** teilweise von der Arbeit freistellen lassen, wenn

- sie den nahen Angehörigen in der häuslichen Umgebung pflegen und
- es bei einer Arbeitszeit von mindestens 15 Stunden wöchentlich bleibt.

Achtung: Dieser Anspruch besteht nur gegenüber Arbeitgebern mit mindestens 25 Beschäftigen

Die Familienpflegezeit muss dem Arbeitgeber mindestens acht Wochen vor Beginn schriftlich angekündigt werden. Es besteht kein Anspruch auf Lohnfortzahlung.

Es kann ein zinsloses Darlehen beim Bundesamt für Familie und zivilgesellschaftliche Aufgaben (BAFzA) beantragt werden.

6. Zinsloses Darlehen

Um den Verdienstausfall während der Pflegezeit abzufedern, kann ein zinsloses Darlehen bei Bundesamt für Familie und zivilgesellschaftliche Aufgabe (BAFzA) für alle dargestellten Freistellungen beantragt werden. Die Rückzahlung des Darlehens kann auf Antrag gestundet werden, wenn besondere Härte vorliegt. Zudem ist es möglich, dass auf Antrag fällige Rückzahlungsraten zu einem Viertel erlassen werden. Die Schuld erlischt überdies vollständig, wenn der Betroffenen selbst mehr als zwei Jahre Grundsicherung oder Hilfe zum Lebensunterhalt beziehen muss.

J. Allgemeine Tipps

Pflegebedürftigkeit stellt die Betroffenen vor vielfältige Herausforderungen. Es gilt, den Alltag bestmöglich zu gestalten. Pflege ist eine anspruchsvolle und herausfordernde Aufgabe, die gut geplant und organisiert sein muss. Diese abschließenden allgemeinen Tipps sollen Pflegebedürftigen, pflegenden Angehörigen, Bevollmächtigen oder Betreuern helfen den Pflegealltag optimal zu gestalten und passende Unterstützungsangebote zu nutzen.

I. Überblick über die Situation verschaffen- die wichtigsten Fragen klären

- Ist eine Vollmacht oder Betreuung notwendig?
- Wurde bereits Antrag auf Feststellung des Pflegegrades gestellt?
- In welchem Umfang ist Pflege notwendig?
- Sind die Wünsche des Pflegebedürftigen geklärt?
- Kann die Pflege im ambulanten Bereich organisiert werden oder muss ein Platz in einer stationären Unterbringung gefunden werden?
- Muss ein Angehöriger von der Arbeit freigestellt werden?
- Kann der Eigenanteil aus eigenen Mitteln getragen werden? Falls dies nicht der Fall ist, wurde bereits Antrag auf Sozialhilfe gestellt?

II. Informationen einholen und Beratungsangebote nutzen

1. Pflegeberatung

Die Pflegeberatung stellt eine Leistung der Pflegeversicherung dar, welche die Betroffenen in Anspruch nehmen können um sich über die Leistungen der gesetzlichen Pflegeversicherung zu informieren und die Pflege zu organisieren. Voraussetzung ist, dass die Betroffenen bereits Leistungen der gesetzlichen Pflegeversicherung erhalten oder einen Antrag auf Leistungen gestellt hat.

Die Betroffen können innerhalb von zwei Wochen einen Beratungstermin bei einem Pflegeberater der Pflegekasse oder einen Beratungsgutschein für eine bekannte und unabhängige Beratungsstelle erhalten, den sie dann innerhalb von zwei Wochen einlösen können.

Die Betroffenen werden im Rahmen der Pflegeberatung unter anderem umfassend über die Leistungen der Pflegeversicherung informiert und erhalten einen individuellen Versorgungsplan. Die Berater helfen zudem bei der Koordination von Hilfen und beraten über Entlastungsangebote von Pflegepersonen.

Achtung: Die Pflegeberatung in der eigenen Häuslichkeit stellt eine Pflichtberatung für Pflegepersonen dar, die Pflegegeld beziehen.[85]

2. Pflegestützpunkte

Gem. § 7c SGB XI haben die Pflegekassen sogenannte Pflegestützpunkte einzurichten. Pflegestützpunkte sind für alle Versicherten zugänglich und bieten kostenlose Beratung nah am Wohnort der Betroffenen.

---

85 § 37 Abs. 3 SGB XI

Ein Pflegestützpunkt unterstützt Pflegebedürftige, Angehörige oder sonstige rund um das Thema Pflege. Dort kann auch die gesetzlich vorgesehene Pflegeberatung nach § 37 Abs. 3 SGB XI erfolgen – zum Beispiel, wenn Pflegegeld bezogen wird und eine Beratung verpflichtend ist.

3. Behörden, z. B. Sozialhilfeträger

Es besteht ein Rechtsanspruch auf Beratung und Aufklärung im Bereich des Sozialgesetzbuches. Geregelt ist dies in § 14 SGB I:

> **§ 14 Beratung**
> Jeder hat Anspruch auf Beratung über seine Rechte und Pflichten nach diesem Gesetzbuch. Zuständig für die Beratung sind die Leistungsträger, denen gegenüber die Rechte geltend zu machen oder die Pflichten zu erfüllen sind.

Ziel ist es, Betroffenen einen Zugang zu den Leistungen des Sozialrechts zu erleichtern und Unklarheiten auszuräumen. Die zuständigen Träger wie z. B. das Sozialamt sind verpflichtet, die Beratung verständlich, umfassend und individuell durchzuführen.

> **Hinweis:** Sozialrechtlicher Herstellungsanspruch
> Wenn ein Leistungspflicht verletzt wird, kann dies weitreichende Folgen haben und dazu führen, dass ein dadurch entstandener Nachteil des Betroffenen ausgeglichen werden muss. Der sozialrechtliche Herstellunganspruch dient dazu, diesen Nachteil auszugleichen, den ein Betroffener erlitten hat, weil ein Sozialleistungsträger seine gesetzlichen Beratungspflichten oder die Auskunftspflicht verletzt hat. Im Gegensatz zu anderen Ansprüchen, wie etwa den der Amtshaftung, ist kein Verschulden nötig.[86] Der Anspruch ermöglicht es, die Rechtsfolge herbeizuführen die bei einer fehlerfreien Auskunft oder Beratung eingetreten wäre.

---

86   BSG, Urt. v. 14.2.1089 – 7 RAr 18/87

Es gibt noch sonstige kostenlose allgemeine Beratungsstellen. Hier sind einige Beispiele:

- **Bundesministerium für Familie, Senioren, Frauen und Jugend**
  Unter der Rufnummer 030–20 17 91 31 (Montag bis Donnerstag, 9–18 Uhr) wird eine Telefonberatung angeboten.
- **Kommunale Beratungsstellen**
- **Rechtsberatung**
  Die Notwendigkeit einer Rechtsberatung ergibt sich oft aufgrund der komplexen Rechtslage und der Vielzahl an rechtlichen Fragestellungen, die mit der Pflegebedürftigkeit und der Finanzierung der Kosten der Pflege verbunden sind. Eine qualifizierte Rechtsberatung kann helfen, Ansprüche durchzusetzen. Vor allem bei der Klärung der Kostenübernahme durch den Sozialhilfeträger kann eine Rechtsberatung empfohlen werden, wenn der Betroffen grundsätzlich über vorrangige Ansprüche verfügt (wie etwa Schenkungsrückforderungsansprüche).

III. Pflegeleistungen, Sozialleistungen und Freistellungen von Angehörigen rechtzeitig beantragen

- Gesetzliche Pflegeversicherung, Kapitel B
- Sozialleistungen, Kapitel E
- Freistellungen, Kapitel I

Sollte eine private Pflegeversicherung vorhanden sein, ist die Auszahlung der Leistungen zu klären.

IV. Individuellen Pflegebedarf ermitteln und Unterstützungsform festlegen

Die ambulante Versorgung (Kapitel D) und die stationäre Versorgung (Kapitel D) stehen in einem wechselseitigen Verhältnis und können sich je nach Situation gegenseitig ergänzen oder ersetzen.

V. Heimplatz oder Pflegedienst finden

1. Heimplatz – vollstationäre Einrichtungen

Bei der Suche nach einem Heimplatz spielen persönliche Bedürfnisse, der Pflegegrad und die regionale Verfügbarkeit eine entscheidende Rolle. Die Pflegeberatung kann bei der Suche nach einem geeignetem Pflegeplatz helfen. Es gibt zudem zahlreiche Online- Portale, die Verzeichnisse von Heimen führen.

2. Qualität der Einrichtung beurteilen

Auf den Seiten des Medizinischen Dienstes und den Portalen der gesetzlichen Pflegekasse finden sich Transparenzberichte mit Bewertungen von stationären Einrichtungen. Zudem ist der Medizinische Dienst mit der Überprüfung von vollstationären Pflegeeinrichtungen betraut.[87]

Wichtig ist es auch, sich vor der Entscheidung einen persönlichen Eindruck von der Einrichtung zu verschaffen. Die Einrichtung sollte auf jeden Fall besucht werden und die vertraglichen und finanziellen Faktoren geklärt werden.

---

87 §§ 112–114 SGB XI

3. Pflegedienst

Auch bei der Suche nach einem Pflegedienst spielen die persönlichen Bedürfnisse und der tatsächliche Bedarf eine entscheidende Rolle. Pflegeberatung und zahlreiche Online-Portale unterstützen bei der Suche. Der Medizinische Dienst ist auch zuständig für die Überprüfung von Pflegediensten. Auf den Portalen der gesetzlichen Pflegekassen finden sich die Ergebnisse der Qualitätsprüfungen.

Es kann nur empfohlen werden, mehrere Anbieter vor dem Vertragsschluss zu vergleichen und mit dem Anbieter vor dem Vertragsschluss bei einem Hausbesuch alle wesentlichen Wünsche und Bedürfnisse zu besprechen.

Das Abrechnungsverfahren sollte transparent erklärt werden und es sollte zwingend ein Kostenvoranschlag erstellt werden.

VI. Soziale Teilhabe des Pflegebedürftigen fördern

Die Förderung von sozialer Teilhabe ist von immenser Bedeutung, um Isolation zu vermeiden, die Lebensqualität zu steigern und die psychische Gesundheit zu stärken. Zudem fördert es die Selbstbestimmung des Betroffenen. Insbesondere bei einer Versorgung in der eigenen Wohnung des Pflegebedürftigen besteht die Gefahr der Isolation. Es ist daher von Vorteil, wenn Maßnahmen getroffen werden, welche die soziale Teilhabe fördern. Dazu zählen zum Beispiel ehrenamtliche Besuchsdienste oder Angebote von Seniorenclubs.

VII. Unterstützung für pflegende Angehörige nutzen

Pflegende Angehörige übernehmen in vielen Fällen eine, wenn nicht die zentrale Rolle in der Versorgung von Pflegebedürftigen. Die Pflege ist sowohl emotional als auch körperlich herausfordernd. Es kann daher nur empfohlen werden die bestehenden Entlastung- und Unterstützungsangebote vollumfänglich zu nutzen. Ein früher Zugang zu den möglichen Ressourcen kann helfen, eine Überlastung zu vermeiden und die Pflege langfristig auf gesunde Beine zu stellen.

- Kurzzeit- und Verhinderungspflege
- Tages- und Nachtpflege
- Angebote zum Entlastungsbetrag
- Hilfsmittel und Wohnraumanpassung
- Psychosoziale Unterstützung
- Beratung

Links und Ansprechpartner

- Bundesministerium für Familie, Senioren, Frauen und Jugend
  Unter der Rufnummer 030-20179131(Montag bis Donnerstag, 9–18 Uhr) wird eine Telefonberatung angeboten.
- Pflegeberatung Bayern (vergleichbare Angebote auch in anderen Bundesländern)
  - Pflegestützpunkte – Bayerisches Staatsministerium für Gesundheit, Pflege und Prävention
  - Fachstelle Für Demenz und Pflege Bayern
  - Patienten- und Pflegeportal Bayern
  - Medizinischer Dienst Bayern

- Muster Vorsorgevollmacht
  https://www.verbraucherzentrale.de/onlinevorsorgevollmacht-jetzt-kostenlos-erstellen-und-vorsorgen-76131.

Glossar

A

Altenteil, Leibgeding Versorgungsleistungen wie etwa ein Wohnrecht oder Pflege- und Betreuungsleistungen, die ein übergebender Eigentümer von seinem Nachfolger (Übernehmer) erhält, wenn die Existenzgrundlage übertragen wird.

Alimenationsprinzip Das Alimentationsprinzip besagt, dass der Dienstherr für die finanzielle Absicherung seiner Beamten und deren Familienangehörigen sorgt.

Amtsermittlungsgrundsatz Die Behörde hat im Verfahren, von sich aus alle relevanten Tatsachen zu ermitteln und legt nicht nur den von den Beteiligten vorgetragenen Sachverhalt für die Beurteilung zugrunde.

B

Beihilfe Finanzielle Unterstützung des Dienstherrn für seine Beamten, um einen Teil der Aufwendungen für die Gesundheitsversorgung abzudecken.

Bereite Mittel Finanzielle Mittel, die geeignet sind, den konkreten Bedarf im jeweiligen Monat zu decken.

Beschränkt persönliche Dienstbarkeit Dingliche Rechtsbelastung an einem Grundstück, aufgrund derer eine andere Person dazu berechtigt ist, bestimmte Nutzungsrechte an dem Grundstück auszuüben, §§ 1090–1093 BGB.

Behandlungspflege Tätigkeiten, die zur Behandlung einer Krankheit notwendig und durch den Arzt verordnet worden sind, beispielsweise die Gabe von Medikamenten, Injektionen, Katheterisierung, Einläufe, Verbände, Wund- und Dekubitusversorgung, 37 Abs.2 SGB V.

G

Gewöhnlicher Aufenthalt Den gewöhnlichen Aufenthalt hat jemand dort, wo er sich unter Umständen aufhält, die erkennen lassen, dass er an diesem Ort oder in diesem Gebiet nicht nur vorübergehend verweilt. Es kommt allein darauf an, wo sich unter Berücksichtigung des Willens des Betroffenen und der bisherigen tatsächlichen Verweildauer der regelmäßige Schwerpunkt der persönlichen Lebensverhältnisse befindet.

Gremium der Selbstbestimmung Die Mieter einer ambulant betreuten Wohngemeinschaft bilden ein Gremium der Selbstbestimmung, in dem alle Angelegenheiten des Zusammenlebens sowie die Wahl der Dienstleister für Pflege und Betreuung geregelt werden.

Grundpflege Die Grundpflege umfasst pflegerische Hilfen aus verschiedenen Bereichen, die durch den Gemeinsamen Bundesausschuss (G-BA) in der Richtlinie zur Häuslichen Krankenpflege (HKP-Richtlinie) festgelegt wird.

Grundsicherung Bedarfsorientierte Sozialleistung zur Unterstützung im Alter oder bei voller Erwerbsminderung bei Kosten des Lebensbedarfs usw.

H

Hotelkosten Die Kosten für Unterkunft und Verpflegung in einem Pflegeheim. Die Hotelkosten müssen vollständig vom Pflegebedürftigen bezahlt werden.

Hilfe zur Pflege Hilfe zur Pflege ist eine bedarfsorientierte Sozialleistung zur Unterstützung pflegebedürftiger Personen bei den Pflegekosten.

I

Intendiertes Ermessen Grundsätzlich liegt eine gebundene Entscheidung vor und die Behörde kann nur in atypischen Fällen abweichen.

Glossar

P

Pflegehilfsmittel Pflegehilfsmittel sind Geräte und Sachmittel, die zur häuslichen Pflege notwendig sind, diese erleichtern oder dazu beitragen, der beziehungsweise dem Pflegebedürftigen eine selbstständigere Lebensführung zu ermöglichen.

Poolen Leistungszusammenlegung von Pflegeleistungen gemeinsam mit anderen Leistungsberechtigten.

R

Regelaltersrente Versicherte erhalten die Regelaltersrente, wenn sie die Regelaltersgrenze erreicht und die allgemeine Wartezeit von fünf Jahren erfüllt haben. Die Regelaltersgrenze liegt derzeit für Personen, die ab 1964 geboren wurden bei 67 Jahren.

Rechtsbehelfsbelehrung Rechtsbehelfsbelehrung ist eine Belehrung, ob und wie eine behördliche oder gerichtliche Entscheidung durch einen Rechtsbehelf angegriffen werden kann.

S

Servicewohnen Beim Service-Wohnen wird Wohnraum zur Miete oder zum Kauf angeboten. Zusätzlich können verschiedene Unterstützungsleistungen in Anspruch genommen werden, wie Hausnotruf oder Reinigungsdienste.

U

Überleitungsanzeige Durch die Überleitungsanzeige wird ein Forderungsübergang zu Gunsten des Sozialhilfeträgers bewirkt, so dass der Schuldner für den übergegangenen bzw. übergeleiteten Zeitraum mit befreiender Wirkung nur noch an den Sozialleistungsträger leisten kann.

V

Verwaltungsakt Verwaltungsakt ist jede Verfügung, Entscheidung oder andere hoheitliche Maßnahme, die eine Behörde zur Regelung eines Einzelfalls auf dem Gebiet des öffentlichen Rechts trifft und die auf unmittelbare Rechtswirkung nach außen gerichtet ist.

Verhinderungspflege — Verhinderungspflege (auch Ersatzpflege genannt) ist eine Leistung der Pflegeversicherung (§ 39 SGB XI), die greift, wenn eine private Pflegeperson – z. B. ein Angehöriger – vorübergehend ausfällt oder verhindert ist (z. B. durch Krankheit, Urlaub oder berufliche Verpflichtungen). In diesem Fall übernimmt eine Ersatzpflegekraft die Pflege.

W

Wohnumfeldverbessernde Maßnahmen — Umbaumaßnahmen als auch fest verbaute technische Hilfen, die dazu beitrage, dass Menschen mit Pflegebedürftigkeit möglichst lange in Ihrem gewohnten häuslichen Umfeld verbleiben können.

Wohngeld — Wohngeld ist eine staatliche Sozialleistung nach dem Wohngeldgesetz (WoGG), die einkommensschwächere Haushalte bei den Wohnkosten unterstützt. Es handelt sich um kein Darlehen, sondern einen nicht zurückzuzahlenden Zuschuss zur Miete (Mietzuschuss) oder zu den Wohnkosten bei Eigentum (Lastenzuschuss).

Stichwortverzeichnis

A

Alimentationsprinzip 40
Altenteil 124
Amtsermittlungsgrundsatz 127
Angemessene Immobilie 113
Angemessenes Kraftfahrzeug 113
Ansprüche gegenüber Dritten 116
Antragstellung 28, 29, 129
Anwaltszwang 37
Ausbildungskosten 42
Außerklinische Intensivpflege 25

B

Begriff der Pflegebedürftigkeit 14
Begutachtung 29
Beihilferecht 40
Bereinigtes Einkommen 97
Berufsbetreuer 140
Bescheid, Frist 30
Bestimmung des Pflegegrades 16
Betreuerbestellung 142
Betreuung 138
Betreuungspauschalen 90
Betreuungsverfügung 137
Bundesteilhabegesetz 93
Bürgergeld-Gesetz 88

D

Darlehen 76
Digitale Pflegeanwendungen 64
Digitale-Versorgung- und Pflege-Modernisierungs-Gesetz 64

E

ehrenamtliche Betreuer 143
Eigenanteil 45, 70
Eilantrag 32
Eingliederungshilfe 83
Einkommen 96
Einkommen oberhalb der Einkommensgrenze 100
Einkommensgrenze 99
Einsatzgemeinschaft 82, 103
Einsatz von Einkommen und Vermögen 71
Entlastungsbetrag 56
Ermessensreduzierung auf Null 78
Ermessensregelung 77
Ersatzpflege 54

F

Familienpflegezeit 154
Fördermöglichkeiten 68
Form des Widerspruchs 34

Freistellung von Arbeitnehmern zur Pflege *148*
Fristbeginn *33*

G

gesetzliche Unfallversicherung *38*
Grad der Selbstständigkeit *17*
Grundfreibetrag *112*
Grundsicherung *71*
Grundsicherung im Alter und bei Erwerbsminderung *71*
Grundstücksflächen *114*

H

Haushaltshilfe *24*
Heimkosten *42*
Herausgabe des Geschenkes *120*
Hilfe in anderen Lebenslagen *71*
Hilfe zum Lebensunterhalt *70*
Hilfe zum Lebensunterhalt (HLU) *71*
Hilfe zur Gesundheit *71*
Hilfe zur Pflege *70, 71*
Hilfe zur Überwindung besonderer sozialer Schwierigkeiten *71*
Höchstbeträge *38*

I

Investitionskosten *42*

K

Karenzzeit *89*

Klage *36*
Kombinationsleistung *59*
Kostenbeitragsberechnung *99*
Kosten für den Transport der Pflegebedürftigen *49*
Kosten für die Versorgung in einer vollstationären Pflegeeinrichtung *41*
Kosten für Unterkunft und Verpflegung *42*
Kostensenkungsverfahren *89*
Krankenversicherung *21*
Kündigungsschutz *149*
Kurzzeitpflege *26, 50*

L

Leibgeding *124*
Leistungen für Pflegepersonen *145*
Leistungen im ambulanten Bereich *55*
Leistungszuschläge *46*

M

Medizinischer Dienst *16*
Mehrbedarf *90*
minderjährige Pflegebedürftige *151*
Mitwirkungspflicht des Antragstellers *128*

N

Nachranggrundsatz *71, 116*
Nachtpflege *49*
Nießbrauch *123*

Stichwortverzeichnis

P

Patientenverfügung *143*
Pflege-Bahr Versicherung *134*
pflegebedürftig im Sinne des SGB XII *96*
Pflegegeld *56, 147*
Pflegegrade *15*
Pflegehilfsmittel *60*
Pflegekostenversicherung *134*
Pflegeleistungen nach SGB V *21*
Pflegerentenversicherung *135*
Pflegesachleistung *58*
Pflegesatz *41*
Pflegeunterstützungsgeld *150*
Pflegeunterstützungs- und -entlastungsgesetz (PUEG) *44, 55*
Pflegeversicherung *12*
Pflegewohngeld *73*
Pflegezeitgesetz *148*
Pflegezusatzversicherung *133*
Pflegtagesgeldversicherung *133*
Pflicht- und Anstandsschenkungen *117*
Poolen *66*
Preisgestaltung *43*
private Riester-Renten *112*

R

Rechtsbehelf *33*
Regelaltersgrenze *86*
Regelbedarf *87*
Rente für Pflegepersonen *146*
Rückforderungsanspruch *117*

S

Schenkungsrückforderungsanspruch *116*
Schonvermögen *108*
Schriftform *35*
Schriftformersetzend *35*
Schulden *99*
selbstgenutzte Immobilie *90*
Servicewohnen *90*
Soll-Vorschrift *77*
Sonderbedarf *92*
Sonderkündigungsrecht *151*
Soziale Entschädigung *39*
Sozialgericht *36*
Sozialhilfe *70*
– Antrag *126*
– Aufwendungsersatz *77*
– Darlehen *76*
– Kostenersatz durch Erben *79*
– Leistungsberechtigte *74*
– Zuschuss *76*
sozialrechtlicher Herstellunganspruch *157*
Sozialverwaltungsverfahren *126*
Spezialregelungen *38*
Staatlich geförderte Altersvorsorge *112*

T

Tagespflege *49*
Teilkaskoversicherung *38*
teilstationäre Pflege *48*
telefonische Pflegebegutachtung *30*

U

Übergabevertrag/ Überlassungsvertrag *122*
Untätigkeitsklage *132*
Unterkunft und Heizung (KdU) *88*
unwirtschaftliche Verwertung *116*

V

Vergütung, Betreuer *143*
Verhinderungspflege *52*
Verkehrswert *114*
Vermögen *96*
Versagungsbescheid *130*
Verwertbares Vermögen *110*
vollstationäre Pflegeeinrichtungen *40*
Vorrang der häuslichen Pflege *55*
Vorsorgevollmacht *136*

W

Wegzusregelung *124*
Widerspruch *32*
Widerspruchsbescheid *35*
Wohngeld *72*
Wohnrecht *121*, *124*
wohnumfeldverbessernde Maßnahmen *60*

Z

Zehnjahresfrist bei Schenkung *118*
zinsloses Darlehen *154*